全球武器
精选系列

全球单兵武器TOP精选
（珍藏版）

★★★★★

（第2版） 《深度军事》编委会 编著

U0274994

清华大学出版社
北京

内 容 简 介

本书详细介绍了 90 余款最优秀的单兵手枪、突击步枪、霰弹枪、机枪、反坦克武器等单兵武器，并对其以排行榜的形式进行排名对比。每种武器的排名均秉承客观公正的原则，并设有"排名依据"板块对每款武器的排名原因进行说明。为了增强阅读的趣味性，本书还为每款武器加入了一些相关的趣闻逸事。通过阅读本书，读者朋友可以全面了解这些单兵武器中的佼佼者，也能很容易地对每款武器进行辨别。

本书内容结构严谨，分析讲解透彻，图片精美丰富，适合广大军事爱好者阅读和收藏，也可以作为青少年的科普读物。

图书在版编目 (CIP) 数据

全球单兵武器 TOP 精选：珍藏版 /《深度军事》编委会编著 . —2 版 . —北京：清华大学出版社，2021.12（2024.8 重印）

（全球武器精选系列）

ISBN 978-7-302-59625-7

Ⅰ . ①全… Ⅱ . ①深… Ⅲ . ①单兵—武器装备—介绍—世界 Ⅳ . ① E922

中国版本图书馆 CIP 数据核字（2021）第 249906 号

责任编辑：李玉萍
封面设计：郑国强
责任校对：张彦彬
责任印制：沈 露

出版发行：清华大学出版社
　　　　网　　　址：https://www.tup.com.cn，https://www.wqxuetang.com
　　　　地　　　址：北京清华大学学研大厦 A 座　　　　邮　　编：100084
　　　　社 总 机：010-83470000　　　　邮　　购：010-62786544
　　　　投稿与读者服务：010-62776969，c-service@tup.tsinghua.edu.cn
　　　　质 量 反 馈：010-62772015，zhiliang@tup.tsinghua.edu.cn
印 装 者：涿州汇美亿浓印刷有限公司
经　　销：全国新华书店
开　　本：146mm×210mm　　　印　　张：12.625　　　字　　数：323 千字
版　　次：2017 年 7 月第 1 版　　2022 年 1 月第 2 版　　印　　次：2024 年 8 月第 4 次印刷
定　　价：75.00 元

产品编号：091169-01

前言

　　无论战争模式怎么发展，最终的胜利通常都是在陆地上决定的，这就涉及了士兵。士兵的作战力除了其本身的素质、指挥官的指挥之外，还有一样很重要的因素，那就是武器。武器包括很多种，其中枪械起着举足轻重的作用，大到机枪，小到手枪，无一不是士兵在战场上的杀敌利器。

　　从广义上看，供单个士兵使用的武器均可称为单兵武器，包括冷兵器、枪械（包括手枪、冲锋枪、突击步枪、轻机枪、狙击步枪、霰弹枪等）和反坦克武器等。单兵武器具有灵活性高、操作简单、火力强、价格低等特点，因此被各国大范围装备使用。单兵武器发展至今，已经不再是单一的元素，形成了一种可靠的、有效的单兵武器系统，是步兵武器构成的有机整体，全面地提高了单兵的杀伤力、生存力、机动能力以及指挥、控制和耐久能力。

　　进入 21 世纪，各种先进的军事装备不断涌现，这促使单兵武器随之进步，以适应现代战争甚至未来战争。现代的单兵武器也由早期的火力小、结构不稳定、功能简单发展为目前的火力强、功能齐全、结构可靠。诸如 AK-47 突击步枪、F2000 突击步枪、M82 狙击步枪、MSR 狙击步枪，AT-4 火箭筒、M72 火箭筒等，均为目前较为优秀的单兵武器。

本书详细介绍了国外 90 余款最优秀的单兵手枪、突击步枪、霰弹枪、机枪、反坦克武器等主要单兵武器，并对其以排行榜的形式进行排名对比。每种武器的排名均秉承客观公正的原则，并设有"排名依据"版块对每款武器的排名原因进行说明。为了增强阅读趣味性，本书还为每款武器加入了一些相关的趣闻逸事。通过阅读本书，读者朋友可以全面了解这些单兵武器中的佼佼者，也能很容易地对每款武器进行辨别。

针对现代人的阅读习惯，本书不仅在文字方面严格把关，在配图方面更是精益求精。书中不仅配有大量清晰而精美的鉴赏图片，还设计了极具特色的性能数据对比图表，生动直观地体现每款武器的性能差异。在结构上，本书也颇为新颖地采用了"从后往前"的排序方式，能够最大限度地激起读者朋友的好奇心与阅读欲望。本书还采用小开本设计，这种尺寸具有便于携带和收藏的特点，便于读者朋友随时随地阅读。

本书是面向军事爱好者的基础图书，编写团队拥有丰富的军事图书写作经验，并已出版了许多畅销全国的图书作品。与同类图书相比，本书不仅图文并茂，在资料来源上也更具权威性和准确性。同时，本书还拥有非常完善的售后服务，读者可以通过电话、邮件、官方网站和微信公众号等多种途径提出您宝贵的意见和建议。

本系列图书由《深度军事》编委会编著，参与本书编写的人员有阳晓瑜、陈利华、高丽秋、龚川、何海涛、贺强、胡姝婷、黄启华、黎安芝、黎琪、黎绍文、卢刚、罗于华等。对于广大资深军事爱好者，以及有意了解国防军事知识的青少年，本系列图书不失为极具价值的科普读物。希望读者朋友们能够通过阅读本系列图书，循序渐进地提高自己的军事素养。

目 录

Chapter 01
认识单兵武器

　　单兵武器，顾名思义就是单个士兵就能使用的武器，这里的使用包含运载、瞄准、开火三个方面。单兵武器的重量、体积、后坐力必须可以由一名或多名士兵承受。士兵是军队的基本构成部分，士兵的战斗力决定着一支军队的战斗力。因此，单兵武器性能越优良，功能越齐全，士兵的战地生存能力和战斗力就会越高。单兵武器种类繁多，本书将挑选部分以作介绍。

单兵武器分类

单兵武器包括手枪、突击步枪、冲锋枪、霰弹枪和狙击步枪以及冷兵器和单兵反坦克武器等。士兵执行不同的任务，需要使用不同的武器装备，每种武器都有其独特的功能，多种武器合理利用才能以最快的速度完成任务。

枪械是指利用火药燃气能量发射弹丸，口径小于 20 毫米（大于 20 毫米定义为"火炮"）的射击武器。以发射枪弹，打击无防护或弱防护的有生目标为主。枪械是步兵的主要武器，也是其他兵种的辅助武器。单兵使用的枪械包括手枪、突击步枪、狙击步枪、冲锋枪和霰弹枪等。

枪械

在"一战"之后，各国都积极开发各种手枪、冲锋枪、半自动/自动步枪、狙击步枪及机枪。其间先后出现了许多新型枪械。至"二战"后期，还出现了突击步枪，如 1944 年出现在战场上的德国 7.92 毫米 StG 44 突击步枪，其特点是火力强大、轻便、在连续射击时也比机枪容易控制，这是世界上第一种突击步枪，对后来世界各国枪械的研制产生了重大影响。

HK 416 突击步枪

"二战"后，苏联开发了著名的AK-47，美国也开发了M14突击步枪及M60通用机枪。越战时期，冲锋枪及突击步枪已成为主要单兵作战武器，比如，20世纪60年代装备美军的7.62毫米的M16突击步枪，作战时显示大口径子弹不适合作为突击步枪使用，其后开发出著名的小口径M16、苏联也推出小口径化的AK-74，此时世界各国也分成北约及华约口径作制式弹药来设计各种枪械。

格洛克19手枪

经过长时间的发展，现代枪械已经具备优良稳定的性能，其设计更符合人体工程学，显著提高了士兵的战地生存能力。

冷兵器

冷兵器是指不带火药、炸药或其他燃烧物，在战斗中直接杀伤敌人的武器装备，主要用于近战和白刃格斗，部分武器也可作远距离抛射。

M9多功能刺刀

冷兵器按材质分为石、骨、蚌、竹、木、皮革、青铜、钢铁等兵器；按用途分为进攻性兵器、防护装具和攻守城器械；按作战方式分为步战兵器、车战兵器、骑战兵器、水战兵器和攻守城器械等；按结构形制分为短兵器、长兵器、抛射兵器、系兵器、护体装具、战车、战船等。本书涉及的冷兵器主要是数种现代军警和特种部队使用的进攻性兵器。

单兵反坦克武器

单兵便携式导弹（portable missile 或 super close range missile 等，

可译为"便携式导弹"
或"超近程导弹",简
称"单兵导弹")是
指由单个士兵携带和使
用,用于近距离作战的
小型或微型导弹。单兵
便携式导弹包括火箭
筒、单兵防空导弹等。

M72 火箭筒发射瞬间

二战结束以后,美
国、苏联、瑞士、瑞典、英国、法国等意识到导弹在未来战争中的重要作用,
相继恢复了战争期间中断的导弹理论研究以及导弹研制与试验工作。到 20
世纪 50 年代初,各国研制成功多种型号的单兵导弹。这一时期研制成功的
导弹大多处于低水平,存在价格昂贵、精度低、可靠性差、质量重等缺陷。

20 世纪 50 年代至
70 年代,随着惯性器件、
推进剂、制导技术的发
展,导弹也随之有了广
阔的前景。正式装备各
国军队的第一代及第二
代单兵导弹,就是在这
一时期研制成功的。

士兵练习操作 RBS-70 火箭筒

单兵导弹武器系统
主要由导弹、瞄准控制
系统、导引系统和发射装置等组成。

导弹是单兵导弹武器系统的主体,通常由弹体、战斗部、制导(控制)
系统、动力装置(火箭发动机)、电源和其他辅助装置组成。弹体一般由壳
体、弹翼与舵(操作)面等组成。采用整体结构的导弹,壳体用于安装战
斗部、制导(控制)系统、动力装置(火箭发动机)、电源和其他辅助装置。
采用分体结构的导弹,动力装置(火箭发动机)与战斗部是前后对接的,
战斗部和火箭发动机的壳体分别为弹壳体的一个部分。弹翼是安装在弹体

上的翼片，一般用轻金属或工程塑料制成，其作用是保证导弹的稳定飞行，产生升力。

对付不同目标的导弹，其战斗部也不相同。单兵反坦克导弹配用的是破甲战斗部，一般采用聚能装药结构，可穿透厚度为500~1000毫米的均质装甲钢板。单兵防空导弹使用杀伤战斗部，导弹命中目标时，壳体形成高速破片，摧毁目标。单兵多用途导弹使用杀伤 / 破甲两用战斗部。

FIM-92 发射瞬间

单兵武器的发展趋势

（1）系统化 。

系统化即将士兵身上的武器形成一个系统，使之能与士兵融为一体，加入电子化设备以达到士兵导航、自动控制、自动适应士兵使用习惯等。

（2）简单化。

简单化即让武器结构尽量简单，可减少故障率，方便使用与维修。

（3）电子化。

在现代战场中，单兵武器电子化，使武器运用更加自如。

（4）机械化。

相对于电子化，有的国家军队认为单兵武器电子化故障率高、可靠性低，而且遭受 EMP（电磁脉冲炸弹）后，电子设备会完全毁坏，所以希望将武器尽量机械化，完全使用机械传动，不加入任何电子设备。

在现代军事领域中，许多国家已经利用机器人执行特定任务，如排雷、救援等。更有少数国家诸如美国已经在研究单兵机械外骨骼等利用机械来提高单兵战斗力的装备。

（5）非接触。

利用远程攻击，避免近距离接触敌人，以减少己方伤亡。

（6）近距离。

近距离，即针对巷战、城市战等近距离作战，要求武器灵巧、精确。如以色列"墙角枪"。

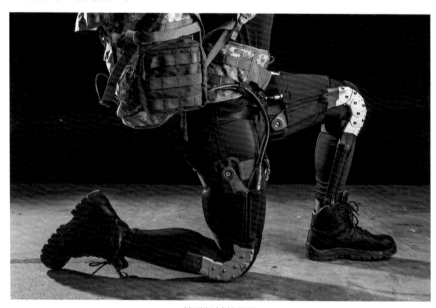

单兵机械外骨骼

Chapter 02

单兵手枪

作为火器的枪，其历史至今已近 700 年。在相当长的历史时期，枪在人类战争史中发挥过举足轻重的作用，特别是在一战爆发前，枪是最主要的武器之一。手枪是枪族中最小的枪，尽管手枪在现代战争中作用并不是很大，但它却是军队中不可缺少的装备之一。

衍生型号、服役时间和生产厂商

TOP10　格洛克 18 全自动手枪	
衍生型号	格洛克 18C
服役时间	1990 年至今
生产厂商	格洛克公司是奥地利著名的武器生产商，由格斯通•格洛克于 1963 年创办，其总部位于奥地利德意志瓦格拉姆市

TOP9　SIG Sauer P229 半自动手枪	
衍生型号	P229 导轨型、P229 战术绯红跟踪型、P229 春分型、P229 精英型、P229 蝎子型、P229 HSP 型、P229 军团型
服役时间	1992 年至今
生产厂商	西格•绍尔公司（SIG Sauer GmbH）是德国一家枪械生产商。为西格公司成立于 1853 年，于 1974 年收购了绍尔公司。西格•绍尔公司现有 7500 名雇员，生产经营的产品有枪支、瞄具、防弹器材、光电火控系统等

TOP8　瓦尔特 P99 半自动手枪	
衍生型号	P99 AS（单双动型）、P99 DAO（纯双动型）、P99 QA（快速型）、P99 Q（警用型）、P99 C（紧凑型）
服役时间	1997 年至今
生产厂商	卡尔•瓦尔特运动枪有限公司（瓦尔特公司）是德国的一家武器生产商。于 1886 年成立，至今已拥有百年的历史

TOP7　FN 57 半自动手枪	
衍生型号	Five-seveN Tactical（单动型）、Five-seveN IOM（民用型）、Five-seveN USG（美国政府型）、Five-seveN MK2（改良型）
服役时间	1998 年至今
生产厂商	FN 公司一般称为 Fabrique Nationale，简称 FN 公司，其没有正式中文译名，字面直译为"赫尔斯塔尔国有工厂"。FN 公司是比利时的一家枪械研制与生产公司，主要研制各类枪械与子弹

TOP6　Mk23 Mod 0 半自动手枪	
衍生型号	Mk 23 Mod 0（特战型）、Mark 23（民用型）
服役时间	1996 年至今
生产厂商	黑克勒·科赫是德国的一家枪械制造公司，其总部位于巴登 - 符腾堡州的内卡河畔奥伯恩多夫，在美国也有分部

TOP5　HK P2000 半自动手枪	
衍生型号	HK P2000 SK、HK P2000V0、HK P2000V1、HK P2000V2、HK P2000V3、HK P2000V4、HK P2000V5
服役时间	2001 年至今
生产厂商	黑克勒·科赫是德国的一家枪械制造公司，其总部位于巴登 - 符腾堡州的内卡河畔奥伯恩多夫，在美国也有分部

TOP4　GSh-18 半自动手枪	
衍生型号	GSh-18 战术修改型、GSh-18S 运动型、GSh-18S 运动 2 型、GSh-18T
服役时间	2000 年至今
生产厂商	图拉仪器制造设计局是苏联和俄罗斯的枪炮和反坦克导弹为主的武器设计局，1927 年初创于图拉

TOP3　HK HK45 半自动手枪	
衍生型号	HK45ct（紧凑型）、HK45Ta（战术型）、HK45CT（紧凑战术型）
服役时间	2007 年至今
生产厂商	黑克勒·科赫是德国的一家枪械制造公司，其总部位于巴登 - 符腾堡州的内卡河畔奥伯恩多夫，在美国也有分部

TOP2　HK USP 半自动手枪	
衍生型号	USP（标准型）、USP Compact（紧凑型）、USP Compact Tactical（紧凑战术型）、USP Tactical（战术型）、USP Expert（专家型）、USP Match（比赛型）、USP Elite（精英型）
服役时间	1993 年至今
生产厂商	黑克勒·科赫是德国的一家枪械制造公司，总部位于巴登 - 符腾堡州的内卡河畔奥伯恩多夫，在美国也有分部

TOP1　MEU（SOC）半自动手枪	
衍生型号	暂无
服役时间	1986 年至今
生产厂商	美国海军陆战队精确武器工场位于美国弗吉尼亚州提科镇，专门为美国海军陆战队生产轻武器

武器尺寸

TOP10　格洛克 18 全自动手枪

口径 9 毫米

全长 186 毫米
枪管长 114 毫米

TOP9　SIG Sauer P229 半自动手枪

口径 9 毫米、10 毫米、5.59 毫米

全长 180.34 毫米
枪管长 99.06 毫米

TOP8　瓦尔特 P99 半自动手枪

口径 9 毫米

全长 180 毫米
枪管长 102 毫米

TOP7　FN 57 半自动手枪

口径 5.7 毫米

全长 206 毫米
枪管长 122 毫米

TOP6　Mk23 Mod 0 半自动手枪

全长 245 毫米
枪管长 149 毫米

口径 11.43 毫米

TOP5　HK P2000 半自动手枪

口径 9 毫米、10.16 毫米

全长 173 毫米
枪管长 93 毫米

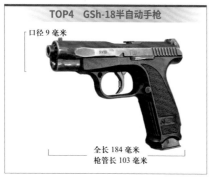

TOP4　GSh-18半自动手枪

口径 9 毫米

全长 184 毫米
枪管长 103 毫米

TOP3　HK HK45半自动手枪

口径 11.43 毫米

全长 191 毫米
枪管长 115 毫米

TOP2　HK USP半自动手枪

口径 9 毫米、10.16 毫米、11.43 毫米

全长 194 毫米
枪管长 106 毫米

TOP1　MEU(SOC)半自动手枪

口径 11.43 毫米

全长 210 毫米
枪管长 127 毫米

基本作战性能数据对比

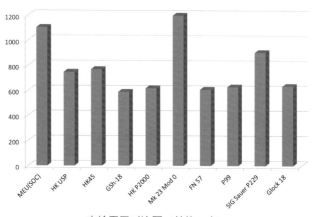

空枪重量对比图（单位：克）

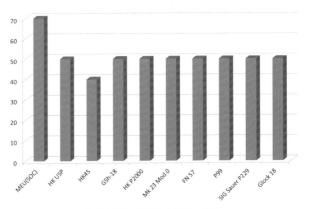

有效射程对比图（单位：米）

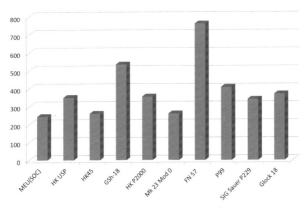

枪口初速对比图（单位：米 / 秒）

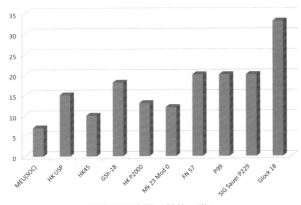

弹容量对比图（单位：发）

格洛克 18 全自动手枪

格洛克 18 全自动手枪（以下简称格洛克 18 手枪）是由奥地利格洛克公司设计生产的一款全自动手枪。

排名依据

格洛克 18 手枪最初就是为特种部队而专门设计的，其采用全自动射击模式，不仅能作为手枪使用，还能作为冲锋枪进行火力压制。

研发历程

试射格洛克 18 手枪

20 世纪 80 年代，格洛克公司设计格洛克 17 半自动手枪时，就想着扩大手枪市场，而非只有奥地利军队一个买家。随后，格洛克公司针对射击比赛、民用市场和其他国家的特种部队分别推出了不同型号的格洛克系列手枪，其中为特种部队设计的是格洛克 18 全自动手枪。

总体设计

格洛克 18 手枪与格洛克 17 半自动手枪外形长度相同，最大的外观差别是前者套筒后部有快慢机。格洛克 18 手枪设置有在半自动和全自动切换的选择钮。选择钮负责释放第一道撞针的保险，当射手扣下扳机时立刻释放撞针来击发子弹，而当滑套往复运行时，因无第一道保险的限制而能全自动射击；向下为全自动模式，向上为单发模式。

装上枪托作为冲锋枪的格洛克 18 手枪

性能解析

格洛克 18 手枪射击控制机构极其简单，甚至没有设置减速机构，因此格洛克 18 手枪的理论射速极高，为每分钟 1300 发。格洛克 18 手枪标准弹匣装弹量为 17 发，也有 31/33 发的大容量弹匣，但不太常用。

格洛克 18 手枪最早是应奥地利联邦内政部眼镜蛇作战司令部要求而研发的，主要是供特种警察部队及特种部队与要员保护单位使用。在遭遇持枪恐怖分子袭击时，使用格洛克 18 手枪的部队可利用手枪 1300 发 / 分的高射速构成弹幕，从而能有效地压制暴徒或掩护政要迅速撤离现场。

趣闻逸事

由于格洛克 18 手枪的射速太高，很快就会打光子弹，因此格洛克公司专门为其配备了一种 31 发弹容量的弹匣。不过由于 31 发弹匣太长，有些射手为了便于携带，而选择使用标准的 17 发弹匣。有趣的是，由于格洛克系列手枪具有可以改装成冲锋枪的特性，大量半自动的格洛克 17 手枪都被改装过，并在一些动作电影中出现以模仿全自动的格洛克 18 手枪。

装备 31 发弹匣的格洛克 18 手枪

SIG Sauer P229 半自动手枪

　　P229 手枪是 SIG Sauer 公司设计生产的一款半自动手枪，有多种衍生型号，如 P229 导轨型、P229 战术绯红跟踪型和 P229 精英型等，原型枪和各种衍生型号在数十个国家中服役，其中包括加拿大、土耳其和瑞典等。

排名依据

　　SIG Sauer P229 手枪是在 P228 手枪的基础上进行改良与优化的。P229 手枪继承了 P228 的各项优秀特征，具有结构紧凑、射击精度高等特点，并采用模块化设计，可更换不同口径枪管，能够满足多种任务需求。

研发历程

　　P228 手枪成功成为美军制式手枪，并由军队带入战场，经过实战验证，其各方面性能都很出众，属"完美型"杰作。但美中不足的是，该手枪的枪管没有采用模块化设计，只能发射 9 毫米口径这种子弹，有些时候无法适应使用者的习惯，也无法满足战术需求。鉴于此，SIG Sauer 公司开始对

P228 手枪改进。SIG Sauer 公司将 P228 手枪、P226 手枪和 P220 手枪的优点融合一体,推出了可更换口径的 P229 手枪。

P229 手枪及其弹匣

总体设计

　　P229 手枪有两个非常突出的优点:第一,结构紧凑,解脱杆安装在套筒座上,精巧的布局使其操作简单;第二,射击精度高,在当时与其他以射击精度著称的手枪相比也不相上下。P229 手枪在保险装置设计上与左轮手枪有些相似,其扳机有前、后两个位置,在安全状态下,使用者可通过放重锤按钮使滑膛后的重锤放下,同时带动扳机前移。另外,枪身内部的保险杆深入撞针槽,挡住撞针前后移动,使其不能与上膛子弹底火发生接触,即使枪掉在地上也不会走火。

P229 手枪抛壳瞬间

性能解析

　　P229 手枪的性能稳定，被当作 SIG Sauer 公司经典枪型 P226 手枪的便携版。因其不锈钢筒套比枪身重，射击时吸收了一部分后坐力，所以连发时射击精度较高。P229 手枪具有很高的可靠性，美国安全部门选枪时对各种手枪做过 10 万发正规测试，唯有 P229 无一发卡壳。

P229 SAS 型手枪

P229 手枪在美国及欧洲一些国家的执法部门和军队中被广泛使用，诸如美国海岸警卫队、国土安全部、美国外交安全局和一些州的警察局，英国军队、国防部以及瑞典警察，等等。

　　美国海岸警卫队在 2004 年接收了第一批 14000 把 P229 手枪，根据 SIG Sauer 公司网站消息，美国政府在测试期间发射了超过 30000 发子弹。

瓦尔特 P99 半自动手枪

P99 手枪是瓦尔特公司于 20 世纪 90 年代开始设计生产的一款半自动手枪，是 P5 手枪及 P88 手枪的后继产品。目前，在数十个国家服役，其中包括阿尔巴尼亚、加拿大和芬兰等。

排名依据

　　瓦尔特公司专为特种部队打造的 P99 手枪滑套表面的硬度极高，并具有很高的抗磨损、抗金属疲劳和抗锈蚀性。目前，已成功在加拿大、芬兰等数十个国家中服役。

▷ 研发历程

　　20 世纪 90 年代，世界各国的军工企业都在研发性能优越的单兵防卫武器，原因有二：一是此时的军队需要为后勤人员配发有一定作战力且携带方便的武器，而该武器最好的选择之一无疑是手枪；二是由于特种部队的发展势头迅猛，手枪这种小巧、适合近战的武器，当然也是特战队员的不二选择。基于以上两方面的原因，瓦尔特公司根据当时国际形势和作战方式，为军队和特种部队打造了一款半自动手枪，即瓦尔特 P99 手枪。

瓦尔特 P5 手枪（左）与 P99 手枪（右）

P99 手枪及其包装盒

P99 TA 型手枪

▌▌▌▌▶ 总体设计

　　瓦尔特P99是一款自动装填手枪，套筒和套筒座分别由钢材和聚合材料制成。它采用无击锤设计以免挂破衣物，扳机有三种：纯双动（DAO）、快动（配以部分预装的主动击针）和反压（AS）。所有控制部件（套筒卡榫、弹匣扣和待击解脱按钮）都适合左右手使用。套筒上有枪弹上膛指示器，可通过观察和触摸感知。使用者可更换大小合适的后垫板。

装入枪套的 P99 手枪

▌▌▌▌▶ 性能解析

　　瓦尔特 P99 手枪采用枪管短行程后坐原理，使用特殊材料制作而成。该手枪的握柄采用聚合物制作而成，滑套为经过氮化的钢材制作。滑套表面的硬度极高，具有很强的抗磨损、抗金属疲劳和抗锈蚀性。它的瞄准器可进行风偏调整和上下瞄准调整，新推出的版本还可以加装战术手电和光束指示器。

装有消音器的 P99 手枪

趣闻逸事

瓦尔特 P99 手枪被德国北莱茵 - 威斯特法伦州、莱茵兰 - 普法尔茨州的警察广泛采用，并被不来梅、汉堡和石勒苏益格 - 荷尔斯泰因州，以及波兰警察、芬兰军队特种部队和军事警察等部门指定为 PIST 2003 型用枪。

2012 年，瓦尔特 P99 手枪取代芬兰警察、海关和边防警卫使用的左轮手枪。2013 年，P99 手枪取代荷兰警察所使用的瓦尔特 P5 手枪。

FN 57 半自动手枪

FN 57 （或称为 FN Five-seveN 手枪）是由比利时赫尔斯塔尔国有工厂（Fabrique Nationale，FN 公司）设计生产的一款半自动手枪，目前，在多个国家的数十支军警队伍中服役，其中包括意大利、利比亚和墨西哥等。

排名依据

FN 57 手枪首次在手枪套筒上成功采用钢与塑料复合结构，其握把比其他发射 9 毫米子弹的手枪要更容易握持。FN 57 已成功被世界上多个国家的数十支军警队伍用作制式武器。

研发历程

20 世纪 80 年代，FN 公司设计了一款口径为 5.7 毫米的子弹——SS190，并在同一时间推出了发射该子弹的冲锋枪 FN P90。之后，为了进一步推广 SS190，FN 公司仍致力于设计发射该子弹的新型枪械。进入 21 世纪后，比利时军队后勤人员和警务执法人员需要一款小口径、便于携带的手枪，作自卫武器使用。得知此消息后，FN 公司立刻以 SS190 子弹为基准，设计出了 FN 57 手枪。

FN 57 手枪及其弹药

完成退膛动作的 FN 57 手枪

总体设计

FN 57 手枪采用枪机延迟式后坐、非刚性闭锁、回转式击锤击发等设计。该手枪首次在手枪套筒上成功采用钢与塑料复合结构，支架使用钢板冲压成形，击针室用机械加工，用固定销固定在支架上，外面覆上高强度工程塑料，然后表面再以磷化处理。

PMR-30 手枪（左）与 FN 57 手枪（右）对比

性能解析

　　FN 57 手枪使用的 SS190 子弹由于弹壳直径小、重量轻，因此 20 发弹匣的重量也只相当于 9 毫米手枪 10 发弹匣的重量，虽然长度比较长，但FN 57 手枪的握把比其他发射 9 毫米子弹的自动手枪要容易握持。由于枪管较短，FN 57 手枪发射的 SS190 子弹的初速比 FN P90 冲锋枪发射时要低，但仍高达 650 米 / 秒，有极好的穿透力，在有效射程内能击穿标准的避弹衣。

安装战术灯的 FN 57 手枪

趣闻逸事

　　由于国内许多人是从电子游戏《反恐精英》中得知 FN 57 手枪的存在，对于此枪不甚了解，而 FN 57 的英文名称 FN Five-seveN 可以直接翻译为 5-7，所以有部分人就望文生义，将此枪称为"57 式手枪"。

Mk 23 Mod 0 半自动手枪

　　Mk 23 Mod 0 手枪是由 HK 公司设计并生产的一款半自动手枪，目前装备于"海豹"突击队、"绿色贝雷帽"等特种部队。

排名依据
特种部队对武器的要求十分苛刻，能通过特种部队的测试并成功作为"海豹"突击队、"绿色贝雷帽"等特种部队的制式武器，充分证明 Mk 23 Mod 0 手枪的优秀。

研发历程

　　20 世纪 80 年代，美国特种作战司令部为加强下属特战队员的作战力，向外发出了新型手枪的招标信息。1980 年，德国 HK 公司带着它的新型手枪同其他公司一起参与了此次招标竞争。在严格的测试中，Mk 23 Mod 0 手枪在恶劣环境下不仅有着特别高的耐久性、防水性和耐腐蚀性，而且在发射数万发子弹后，枪管不会损坏，也不需要更换，完全符合特种部队作战的要求，于是被美国特种作战司令部采用。

加装消音器的 Mk 23 Mod 0 手枪

▌▌▌▶ 总体设计

　　Mk 23 Mod 0 手枪使用了一条特制的六边形设计枪管，目的在于提高准确性和耐用性。它配有设于枪身两边的手动保险和弹匣卡榫，使得双手皆能轻松操作。尽管 Mk 23 Mod 0 手枪早已配发到特种部队中，但作战人员对这种"进攻型"手枪并不太感兴趣，这主要是因为它的尺寸偏大，单手射击不方便。

Mk 23 Mod 0 手枪抛壳瞬间

Mk 23 Mod 0 手枪手动保险的位置在大型待击解脱杆的后部，而弹匣释放按钮的位置在扳机护圈的后部，并且两者都设计得很大，以便双手的大拇指能够直接操作和戴上手套射击时轻松上弹。设于左侧的大型待击解脱杆在手动保险的前部，能降低外置式击锤以锁上全枪。复进簧之中也装上了 1 个申请了专利的后坐力缓冲部件以降低射击时的后坐力，从而提高精度。Mk 23 Mod 0 手枪是一个大规模武器系统的一部分，包括 1 个可加装的消声器、LAM 和其他一些附加功能（包括发射特殊的高膛压比赛等级弹药）。

Mk 23 Mod 0 手枪及其弹匣

> **性能解析**

　　Mk 23 Mod 0 手枪有着特别高的耐久性、防水性和耐腐蚀性，能在恶劣的环境中使用。另外，整个 Mk 23 Mod 0 手枪系统太贵，不可能装备到每位战斗人员，因此很多特种部队也采用了其他型号的手枪。不过 Mk 23 Mod 0 手枪有一点当仁不让的特性，就是良好的射击精度。

　　Mk 23 Mod 0 手枪被定为比赛级军用手枪，在最初的美国市场之中，只准出售 10 发弹匣，以符合美国在 1994 年颁布的暴力犯罪控制和禁止攻击武器条款。该条款已于 2004 年 9 月过期，因此 Mk 23 Mod 0 手枪可以使用美国特种部队司令部使用的 12 发弹匣。

装有战术灯的 Mk 23 Mod 0 手枪

> **趣闻逸事**
>
> 　　在由布鲁斯·威利斯主演的电影《太阳之泪》中，Mk 23 Mod 0 手枪被主角A.K. 华特斯中尉等美国"海豹"突击队队员所使用，枪上安装了消音器。

HK P2000 半自动手枪

　　P2000 手枪是由 HK 公司设计生产的一款半自动手枪，主要用于执法机关、准军事和民用市场，可发射 3 种不同口径的子弹，即 9 毫米、10.16 毫米和 9.5 毫米，其中 9 毫米子弹使用得最多。

排名依据
P2000 手枪以钢材、冷锻法和镀铬工艺制造出来的枪管具有多边形的轮廓，而套筒是由硝酸渗碳所制成的钢材制成，十分坚硬。相比于 HK 公司推出的 USP 手枪，P2000 手枪增加了使用者的舒适度，并减少了操作时造成的压力。

▶ 研发历程

　　HK 公司于 20 世纪 90 年代推出的 USP 手枪，在军警界和民用市场上的销售都取得了不错的成绩。该公司为了抢占聚合物料这类手枪市场，趁热打铁，进一步完善 USP 手枪的不足之处，推出了 P2000 手枪。P2000 手枪较 USP 手枪而言，特点是减少了操作时所造成的压力，并同时提高了使用者操作和射击时的舒适度。

P2000 手枪及其配件

P2000 手枪不同角度特写

加装战术灯的 P2000 手枪

||||▷ 总体设计

　　P2000 手枪采用模组化设计,以适应不同使用者的需要,与 HK 公司其他手枪一样,套筒下方、扳机护圈前方的防尘盖整合了 1 条通用配件导轨,以安装各种战术灯、激光瞄准器和其他战术配件。安装好后的配件十分稳固,无须使用其他辅助工具。但 P2000 手枪使用的是 HK 公司手枪专用的配件导轨，所以限制了可以使用的战术配件种类。该手枪装有非常灵巧的套筒锁（空枪挂机杆）和弹匣卡榫，安装在扳机护圈附近的两侧，两手皆可让拇指舒服地操作，进而快速识别弹量和更换弹匣。

HK P2000 手枪及其子弹

性能解析

　　P2000 手枪是一把短后坐行程作用操作、闭膛待击半自动手枪，它使用了改良勃朗宁式无闭锁凸耳的枪机，而垂直倾斜枪管的设计也来自 HK USP 系列自动装填手枪，以及最现代化的无闭锁凸耳半自动射击系统。以钢材、冷锻法和镀铬工艺制造出来的枪管具有多边形的轮廓，而套筒是由硝酸渗碳所制成的钢材制成，十分坚硬。P2000 手枪也随着最近的现代手枪设计趋势，大量地采用耐高温、耐磨损的聚合物及钢材混合材料以减轻全枪重量和生产成本。

趣闻逸事

　　在电影《杀手：代号 47》中，P2000 手枪装上了激光瞄准器并且被国际刑警组织特别探员迈克·怀特尔所使用。在电子游戏《反恐精英：全球攻势》中 P2000 为 CS:GO 增加的新武器，以取代前作中的 HK USP 战术型成为反恐小组的基本武器。

配用弹药

HK P2000 半自动手枪主要发射 9×19 毫米、.40 S&W 和 .357 SIG 三种口径的弹药，也可以发射特殊的 9×19 毫米和 .40 S&W 的高膛压弹药。但是 HK 公司的 P 系列官方手册也明确规定，HK 公司不建议使用者在 P 系列手枪上使用高膛压弹药。

HK P2000 手枪的枪管

HK P2000 手枪的弹匣

衍生型号

名　称	说　　明
HK P2000 V0	扳机为战斗防卫型扳机系统（单 / 双动操作型）。单动操作的扳机扣力固定在大约 20 牛顿（4.5 磅力），双动操作的扳机扣力固定在大约 51 牛顿（11.47 磅力）
HK P2000 V1	扳机为战斗防卫型扳机系统（执法机关修改型），这是一种两道火式扳机，不管在单动操作还是双动操作，都是在击锤降下的状态射击。但它也有一个内部结构，使击锤在每次射击过后仍然保持着竖起状态。扳机扣力固定在大约 20 牛顿（4.5 磅力）
HK P2000 V2	扳机为战斗防卫型扳机系统（执法机关修改型），和 HK P2000 V1 相近，但扳机扣力增加并且固定在大约 32.5 牛顿（7.31 磅力）
HK P2000 V3	传统的单 / 双动操作型扳机，套筒后方左侧装上了待击解脱杆，可控制击锤在待击解脱状态。双动操作的扳机扣力固定在大约 51 牛顿（11.47 磅力），单动操作的扳机扣力固定在大约 20 牛顿（4.5 磅力）

（续表）

名　　称	说　　明
HK P2000 V4	扳机为战斗防卫型扳机系统（执法机关修改型），HK P2000 V1 和 HK P2000 V2 相近，但扳机扣力介乎于两者之间并且固定在大约 27.5 牛顿（6.18 磅力）
HK P2000 V5	纯双动操作型扳机，没有外露的击锤。双动操作的扳机扣力固定在大约 36 牛顿（8.09 磅力）
HK P2000 SK	袖珍型版本

HK P2000 V3 手枪及其包装箱　　　　　　HK P2000 SK 手枪

主要用户

国　　家	单　　位
德国	下萨克森国家警察、巴登 – 符腾堡州国家警察、汉堡水上保护警察
加拿大	加拿大惩教局、加拿大公园管理局舍监部
日本	日本陆上自卫队特种部队特别行动组
瑞士	瑞士边境卫队、瑞士联邦警察
美国	美国海关及边境保卫局

发射 9×19 毫米弹药的 HK P2000 手枪　　　　HK P2000 SK 手枪及其枪套

GSh-18 半自动手枪

　　GSh-18 手枪是由俄罗斯联邦图拉仪器制造设计局于 20 世纪 90 年代研制和生产的半自动手枪，被选为俄罗斯军用制式手枪（备用枪械），发射多种 9×19 毫米鲁格弹。

排名依据

　　GSh-18 手枪是专为近距离战斗设计的军用半自动手枪，具有体积小、质量轻、弹匣容弹量大和射击稳定性好等优点，是俄罗斯乃至世界新一代军用手枪中的佼佼者。与同时期俄罗斯军队的其他新型手枪相比，GSh-18 手枪重量更轻，使用更方便。

研发历程

1998 年，俄罗斯联邦图拉仪器制造设计局为满足本国军警需求（体积小、质量轻、弹匣容弹量大和射击稳定性好等），开始设计新型手枪。该设计局以 P-96 手枪（1990 年研发的一款军警用大型半自动手枪）为原型，设计出了 GSh-18 手枪。同年，GSh-18 手枪参加了俄罗斯军队从 1993 年开始的新型手枪选型试验。2001 年，GSh-18 手枪被俄罗斯司法部、内政部和军队的特种部队采用，并开始向国外出口。2003 年 5 月 21 日，俄罗斯联邦政府发布了第 166 号决议，确定将 GSh-18 手枪正式列入俄罗斯军队的装备体系。

GSh-18 手枪及其弹匣

总体设计

GSh-18 手枪采用枪管短后坐式自动结构，闭锁方式为枪管回转式，即枪管在套筒内回转并与套筒闭锁。GSh-18 手枪的闭锁突笋有 10 个之多，成环状均匀分布于枪管外表面。GSh-18 手枪采用击针平移式击发机构，没有外露的击锤。发射方式与奥地利格洛克手枪一样，为特殊的双动模式，即首发射击时，扣动扳机能够使击针后移并打开保险使击发机构待发，继续扣动扳机就可以击发枪弹。为了操作简便，GSh-18 手枪没有设置手动保险。

GSh-18 手枪握把部位特写

拆解后的 GSh-18 手枪

|||||▷ 性能解析

　　GSh-18 手枪的设计理念与奥地利格洛克手枪类似，就整体而言，GSh-18 更像是一种操作简便的警用手枪。使用 GSh-18 手枪射击非常舒适，射击稳定性和精度也不错。这是因为 GSh-18 手枪的握把外形非常合手，全枪的布局合理，手枪的质心位于握把处，而且无击锤的击发机构最大限度地使枪管轴线接近握持着力点，射击平衡性非常好，加之瞄准具的结构非常有利于快速瞄准射击，所以再次瞄准射击的恢复时间较短。

空仓挂机状态的 GSh-18 手枪

趣闻逸事

GSh-18 手枪的名字来源于它的设计者格里亚泽夫和希普诺夫，而数字 18 是表示其弹匣容量。

▐▐▐▷ ★ **保险装置**

GSh-18 手枪设有四道保险，套筒座和套筒上没有手动保险，射击时不必专门打开保险，不仅操作简便，而且有利于快速射击。该枪的第一道是扳机保险，在扳机钩前部有一个小扳机钩，射击时，射手首先扣动它，扣动到大扳机钩位置时内部机构就会自动解脱对扳机的限制，这样，在手枪跌落时扳机不会后移而发火；第二道为不到位保险，在套筒复进不到位的情况下，即使扣动扳机，击针待击，也无法压下阻铁释放击针；第三道保险是在上方位置的阻铁－击针联锁装置，只有将扳机完全扣到位才能解脱击针，即使击针受震动向前运动，击针头也不会突出弹底窝平面；第四道为防早发保险，能够防止击针在弹膛完全闭锁之前击发底火。在国家靶场的试验中，GSh-18 手枪的多重保险能够保证在各种使用条件下的安全性，其中包括 1.5 米跌落试验，手枪跌落在混凝土地板上数次后，击针依然纹丝不动。

GSh-18 枪身左侧特写

配用弹药

　　GSh-18 手枪可以发射 9×19 毫米帕拉贝鲁姆手枪弹（9 毫米鲁格手枪弹），也可以发射图拉仪器制造设计局专门开发的、穿透力较高的 9×19 毫米 PBP 穿甲手枪弹（弹头的枪口动能接近 800 焦耳），还可以配用伊热夫斯克兵工厂研制生产的、穿甲威力介于前两种弹药之间的 7N21 手枪弹。

　　图拉仪器制造设计局对 PBP 穿甲手枪弹的研制工作始于 20 世纪 90 年代初期，与 GSh-18 手枪同时被列为制式装备，定型号为 7N31 式大威力防御手枪弹。该弹的弹头具有经热处理硬化的钢心，钢心半露于铝合金材料的衬套，重量很轻（只有 4.2 克），但初速很高，最高可以达到 600 米 / 秒。该弹的高初速和特殊的弹头结构能够有效地提高弹头的穿甲能力。GSh-18 手枪在发射 7N31 手枪弹时，弹头在 20 米以内能够可靠地击穿Ⅲ级防护的防弹背心或者 8 毫米厚的钢板。

GSh-18 手枪弹匣

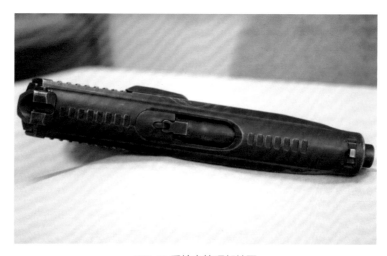

GSh-18 手枪套筒顶部特写

衍生型号

名　　称	说　　明
GSh-18 战术修改型	2012 年公布，使用塑料弹匣，改变了扳机护环的形式，略为增加底把防尘盖的长度，而且增加了皮卡汀尼战术导轨
GSh-18S 运动型	GSh-18 手枪的民用版本，2010 年 10 月首次公开展出。其特点是扳机设计简化（取消了预设式扳机），并将弹匣容量减少到 10 发，以遵守俄罗斯枪械法律
GSh-18S 运动 2 型	GSh-18 手枪的民用版本，2012 年初批量生产。其特点是扳机设计简化（取消了预设式扳机），弹匣容量为 18 发
GSh-18T	GSh-18 手枪的民用版本，2010 年 10 月公布，只能发射 .45 口径橡胶子弹类弹药的非致命性手枪

GSh-18 枪身右侧特写

主要用户

国　　家	单　　位
俄罗斯	俄罗斯军队、司法部、内务部、土星特别用途单位、警察
叙利亚	叙利亚军队、警察

HK HK45 半自动手枪

HK45 手枪是由HK 公司设计生产的一款半自动手枪，有紧凑型、战术型和紧凑战术型等多种型号。目前，美国、澳大利亚等多国皆有使用。

排名依据

HK45 手枪采取更符合人体工学的外形设计，同时增加了使用者在操作和射击时的舒适度，并成功被美国、澳大利亚的警察和特种部队采用。

研发历程

21 世纪初期，美国展开了"联合战斗手枪"的计划，目的是寻求一款性能优于 M9 的手枪，并取而代之。得知此消息后，HK 公司设计出了 HK45 手枪，该手枪各方面都不亚于当时的 M9 手枪，但基于各方面的原因，美国突然终止了"联合战斗手枪"计划，致使 HK45 手枪没能与 M9 手枪同台竞技。之后，HK 公司继续改进 HK45 手枪，并把它投入了商业、执法机关和军事团体市场。

加装消音器的 HK 45 手枪

HK 45 手枪及其握把片

总体设计

HK45 是一把全尺寸型号手枪，相比之前 HK 公司设计的经典手枪，其结构上并没有重大创新。但 HK 公司经过重大的努力，包括吸收了一部分在 HK P2000 和 HK P30 上都有使用和发现的特色；加上大量使用了新型材料、新技术和新工艺，加上良好的人机工效设计，从而使得该枪的操作十分方便快捷，并且具有优良的功能扩展性。最明显的外表变化就是略向前倾斜的套筒和底把前端，使得 HK45 的人机工效比起全尺寸型号 HK USP 更加出色。同时其外形一改以往德式武器的棱角分明的冷峻风格，所有边角均被处理为弧形，整个外部轮廓呈现出优美的流线型。

HK45 手枪和 M9 刺刀

HK45 手枪人体工学的改进手法包括延长套筒锁（空枪挂机杆）使得两手皆可让拇指非常舒服、灵巧地操作，更具十分明显人体工学结构的手指凹槽的握把以及握把使用了模块化的可更换式后方握把片，令使用者可以根据其手掌大小而调节握把的形状和尺寸，更适合不同的手形。新型握把和后方握把片可以令手枪放在手掌更低的位置，从而更轻易地控制武器以及 .45 口径的严重后坐力和枪口上扬问题。为了适应更小、更符合人体工学的握把，HK45 使用的是 10 发容量的专用可拆卸式双排弹匣。

HK45 手枪及其弹匣

性能解析

  HK45 手枪基本上是 HK USP 手枪和 HK P2000 手枪的合并,并借用了一些 HK P30 手枪的改进要素,所以具有以上手枪的许多内部和外部特征。它最明显的外表变化是略向前倾斜的套筒前端,在扳机护圈前方有皮卡汀尼导轨,握把前方带有手指凹槽。HK45 有可更换的后方握把片,以适应使用者手掌的大小。

HK45C 型手枪

为了能够更好地理解美军士兵的要求，HK 公司还聘请来自美军"三角洲"特种部队退伍的拉利·维克斯和肯·哈克索恩一起担任发展 HK45 手枪项目的负责人（拉利·维克斯也担任 HK416 突击步枪 / 卡宾枪系统和 HK417 战斗步枪系统这两个项目的负责人）。他们拥有极为丰富的轻武器使用经验，同时也更为了解枪械需要具备哪些特性才能满足特种部队的使用要求。

HK45C 手枪包装盒和使用的子弹

重要配件

HK45 手枪在套筒下、扳机护圈前方的防尘盖整合了 1 条皮卡汀尼导轨以安装各种战术灯、激光瞄准器和其他战术配件。此外，还有一个安装于多边形枪管的枪口前端、类似于 USP 专家型、比赛型，以及 Mk 23 Mod 0 手枪的 O 形环，能够使套筒和枪管于开锁和闭锁的循环之中比较一致地运作和提高射击精度。

HK45 手枪的 10 发弹匣

HK45 手枪的枪管

衍生型号

名　称	说　明
HK45	基本型
HK45C	HK45 手枪的紧凑型,使用了类似于 HK P2000 手枪的传统型直握把,由 8 发弹匣供弹
HK45T	HK45 手枪的战术型,枪口装上延长螺纹的枪管以安装消声器,并加高了照门和准星的轮廓
HK45CT	HK45T 手枪的紧凑型

HK45C 手枪及其子弹

HK45 手枪握持示意

主要用户

国　家	单　位
澳大利亚	西澳大利亚州警察战术应变小组
格鲁吉亚	格鲁吉亚特种部队单位
美国	美国海军特种作战司令部、利堡警察局

黑色涂装的 HK45 手枪

HK USP 半自动手枪

USP 半自动手枪（USP 为 Universal Self-loading Pistol 的缩写，意为通用自动装填手枪）是 HK 公司设计生产的一款半自动手枪，由于性能优秀，被世界多个国家的军队和警察作为制式武器。

USP 手枪剖视图

排名依据

HK USP 半自动手枪作为 HK 公司集大成之作，更被世界多个国家的军队和警察作为制式武器，其性能与可靠性在实战中得到了反复检验，充分证明其为一把优秀的手枪。

研发历程

20 世纪 60—80 年代，HK 公司先后推出了不少性能优秀的手枪，如 HK4 手枪、P7 手枪、P9S 手枪等。这些手枪占据了德国军警大部分市场，也为 HK 公司带来了大量的收入，但是该公司并没有得意忘形，反而是静心"修炼"以便设计出更好的手枪。另外，20 世纪 90 年代，手枪开始偏向轻量化，采用聚合物料，HK 公司为了能跟上潮流，占领市场，推出了 USP 手枪。

USP 手枪（上）与 Mk 23 Mod 0 手枪（下）

总体设计

USP 手枪采用勃朗宁凸耳后膛闭锁系统，并采用由复进簧和缓冲器组成的后坐缓冲系统。套筒座由玻璃纤维塑料制成，手枪金属部件经过了抗腐蚀表面处理。该枪最初发射 10.16 毫米史密斯－韦森手枪弹，后来的型号可发射 11.43 毫米 ACP 手枪弹或 9×19 毫米帕拉贝鲁姆手枪弹。所有型号都可选配如下装置：手动保险、待击解脱杆、自动待击、双动发射机构以及左右手控制装置。

USP 手枪及其使用枪弹

装有战术灯的 USP 手枪

 **性能解析**

USP 手枪由枪管、套筒座、套筒、弹匣和复进簧组件 5 个部分组成，共有 53 个零件。其滑套以整块高碳钢加工而成，表面经过高温和氮气处理，具有很强的防锈和耐磨性。该手枪的枪身由聚合塑胶制成，为避免滑套与枪身重量分布不均，在枪身内衬了钢架降低了重心，以增强射击稳定性。

半透明枪身的 USP 手枪

USP 手枪的撞针保险和击锤保险为模块式，且扳机组带有多种功能，能根据射手的习惯进行选择。9 毫米型号的载弹量为 15 发，10 毫米型号和 11.43 毫米型号为 13 发和 12 发，相比其他手枪有载弹量大的特点。该手枪的结构合理、动作可靠，经过双重复进簧装置抵消后坐力，其快速射击时的精度也大大提高，而且还可加装多种战术组件，大大增强了在特殊环境下的作战性能。

3 把不同型号的 USP 手枪

趣 闻 逸 事

　　HK USP 半自动手枪出现于游戏《使命召唤 4》中，在"伪装起来"的关卡中，会配给玩家加装消音器的 USP 手枪，虽然在后期用处不大，但仍是一把实战性能极强的手枪，游戏内 USP 手枪单个弹匣 12 发子弹，保证了其强大的火力。

配用弹药

　　HK USP 系列手枪主要使用 9×19 毫米帕拉贝鲁姆手枪弹、.357 SIG（紧凑型独有）、.40 S&W 和 .45 ACP 四种弹药。其中，.357 SIG 是瑞士与美国于 1994 年合作发展出来的中心底火式手枪子弹，使用有肩、缩口的瓶状弹壳，战斗部直径 9.02 毫米（0.355 英寸），弹壳长度 21.97 毫米（0.865 英寸），全弹总长 28.96 毫米（1.14 英寸）。.357 SIG 的设计目标是将广受欢迎的 .357 马格南转轮手枪弹的火力与弹道表现放入一个外形与尺寸能被标准的中型半自动手枪接受的弹壳包装内。由于 .357 SIG 以较重的战斗部加上高膛压来达到设计目标，以致后坐力、噪音与枪口焰比 9×19 毫米帕拉贝鲁姆手枪弹和 .40 S&W 都要高出许多。.357 SIG 的弹道平直，枪口初速也较高。

USP Tactical 手枪及其弹药

USP 手枪开火瞬间

 衍生型号

名　　称	说　　明
HK USP	标准型，发射 9×19 毫米帕拉贝鲁姆弹以及 .40 S&W，后来可以发射 .45 ACP
HK USP Compact	紧凑型，可以发射基本型的三种子弹，还有紧凑型独有的 .357 SIG
HK USP Tactical	HK USP 手枪战术型
HK USP Expert	HK USP 手枪专家型
HK USP Match	HK USP 手枪比赛型
HK USP Elite	HK USP 手枪精英型
HK USP compact Tactical	HK USP 手枪紧凑战术型

USP Tactical 手枪

USP Compact 手枪

主要用户

国 家	单 位
澳大利亚	澳大利亚联邦警察空中安全人员、西部警察战术反应小组、陆军特种作战指挥部、陆军战术突击小组、昆士兰警察特别紧急反应小组、维多利亚警察特别行动组
法国	法国海军、法国陆军第 1 海军陆战伞降团
德国	德国联邦国防军、联邦警察第九国境守备队、州警察单位
日本	日本陆上自卫队特殊作战群、警察厅特殊急袭部队、警视厅公安部
马来西亚	马来西亚军队、警察特别行动指挥部、移民局
韩国	韩国陆军第 707 特殊任务营、特警单位、海岸防卫队、海上特别突击队
西班牙	西班牙军队、国家警察部队、海关监控局、国民警卫队
美国	美国联邦飞行总监、国土安全部、移民及归化局、警察
乌克兰	乌克兰安全局"阿尔法"特种部队
爱尔兰	爱尔兰国防军

USP 手枪握持示意

爱尔兰国防军士兵使用 USP 手枪

MEU(SOC) 半自动手枪

MEU(SOC) 手枪是美国海军陆战队专门为陆战队远征队研制的半自动手枪，由 M1911 手枪改装而来。

排名依据

M1911 手枪是著名枪械设计师约翰·勃朗宁以枪管短行程后坐作用原理设计的著名产品，其各种特点也影响了其他在 20 世纪推出的手枪。MEU(SOC) 手枪是以 M1911 手枪为基础改装而来，不仅继承了 M1911 手枪的优良品质，同时也更能满足现代军队的需求。

研发历程

美国海军陆战队研制 MEU(SOC) 手枪的初衷在于其并不喜欢 M9 制式手枪，因此提出以海军陆战队偏爱的 M1911 手枪为基础，为美国的精锐部队生产一种专用的手枪。这种手枪在 1986 年根据陆战队远征队的需求开始设计，由美国海军陆战队精确武器工场的军械工人手工生产。这一手枪没有正式定型，一律称为 MEU(SOC) 手枪或 MEU 手枪。

总体设计

MEU(SOC) 手枪是由 M1911A1 手枪改装而来，但弧形的握把背板改为直线形，坡膛抛光并加宽，其他改进还有：从商业途径订购套筒，并增加了防滑纹；扩展抛壳口，以提高可靠性；采用比赛级枪管；增加右侧的保险柄；安装了 1 个纤维材料的后坐缓冲器；握把底部增加了吊环；配用 7 发不锈钢弹匣。MEU(SOC) 手枪的组件由手工装配，因此不能互换。武器序列号的最后四个数字分别印在枪管的顶部套筒部件的右侧、河狸尾状设计的握把式保险的内部、左右两面皆可由拇指操控的手动保险和在击锤簧座内部的表面。

美国海军陆战队士兵使用 MEU(SOC) 手枪

黑色涂装的 MEU(SOC) 手枪

性能解析

　　MEU(SOC) 手枪的后坐缓冲器颇具争议，既有赞扬的声音也有反对的声音。缓冲器可以降低后坐感，在速射时尤其有利，但其本身似乎不太耐用，批评的声音就集中在缓冲器的小碎片容易积累在手枪里面导致出现故障。但大多数海军陆战队员认为这没多大问题，因为在海军陆战队里所有的武器都能得到良好的维护。就算缓冲器破损，也都能很快被发现并在出现问题前更换。每名美国海军陆战队远征队士兵在训练周期内通常要用 MEU(SOC) 手枪发射 8 万发子弹，然后要将手枪送回海军陆战队精确武器工场进行翻新和维护。

MEU(SOC) 枪身右侧特写

趣闻逸事

在 2009 年第一人称军事模拟游戏《闪点行动：龙之崛起》中，MEU(SOC) 手枪是美国海军陆战队阵营武器之一。而在 2015 年《彩虹六号：围攻》中，MEU(SOC) 手枪由美国联邦调查局特种武器和战术部队（FBI SWAT）人员使用，命名为"M45 MEUSOC"。

美国海军陆战队士兵使用 MEU(SOC) 手枪进行射击训练

配用弹药

MEU(SOC) 手枪使用 .45 英寸柯尔特自动手枪弹，由 7 发可拆卸式单排弹匣供弹。.45 ACP 是一种由约翰·勃朗宁在 1904 年设计的 11.43×23 毫米无缘直筒手枪弹，研发初期用于柯尔特公司的试验型手枪上，后来这种手枪改良成 M1911 并被美国陆军在 1911 年选为制式武器，而 .45 ACP 也成为多种手枪及冲锋枪所使用的弹种，直至现在。.45 ACP 的特点是拥有一枚圆钝的重战斗部（标准全金属外壳战斗部重 14.9 克）和较低的初速（亚音速），在实战方面，有高的精度和停止作用，枪口焰不明显，后坐力强，但在可控制的范围内，能够对无防护的目标造成严重杀伤，且适合有消声器的武器使用。

MEU(SOC) 手枪及其弹匣

手持 MEU(SOC) 手枪的美国海军陆战队士兵

Chapter 03

冲 锋 枪

冲锋枪（Submachine gun，缩写为 SMG）通常是指双手握持、发射手枪子弹的单兵连发枪械，曾被称作"手提机关枪"。冲锋枪是介于手枪和步枪之间的武器，但它比步枪短小轻便，便于快速射击，并且其射速高，火力猛，适用于近战或冲锋，因而得名"冲锋枪"。

> **整体展示** ●

● **衍生型号、服役时间和生产厂商**

TOP10　K7 冲锋枪	
衍生型号	暂无
服役时间	2001 年至今
生产厂商	大宇集团 1967 年由金宇中创建，初创时主要从事劳动密集型产品的生产和出口。20 世纪 70 年代侧重发展化学工业，80 年代后向汽车、电子和重工业领域投资，并参与国外资源的开发

TOP9　TMP 冲锋枪	
衍生型号	TMP-46、SPP、MP9、TP9
服役时间	1992 年至今
生产厂商	斯泰尔·曼利夏公司是奥地利一家轻武器制造公司，创立于 1864 年，创始人为约瑟夫·沃恩德尔

TOP8　PP-2000 冲锋枪	
衍生型号	暂无
服役时间	2006 年至今
生产厂商	图拉仪器制造设计局是苏联和俄罗斯的枪炮和反坦克导弹为主的武器设计局，1927 年初创于图拉

TOP7　HK UMP 冲锋枪	
衍生型号	UMP45、UMP40、UMP9、USC
服役时间	1999 年至今
生产厂商	黑克勒·科赫是德国的一家枪械制造公司，总部位于巴登 - 符腾堡州的内卡河畔奥伯恩多夫，在美国也有分部

TOP6 PP-91 冲锋枪	
衍生型号	PP-71、PP-91-01 Cedar-B、PP-9 Klin、PP-919 Cedar-2、PKSK-10 等
服役时间	1994 年至今
生产厂商	兹拉托乌斯特军工厂位于俄罗斯乌拉尔里雅宾斯克州，已经建厂 200 年，生产过很多著名的轻武器

TOP5 HK MP7 冲锋枪	
衍生型号	MP7、MP7A1、MP7-SF、MP7A2
服役时间	2001 年至今
生产厂商	黑克勒·科赫是德国的一家枪械制造公司，总部位于巴登 - 符腾堡州的内卡河畔奥伯恩多夫，在美国也有分部

TOP4 乌兹冲锋枪	
衍生型号	Mini Uzi（迷你型）、Micro Uzi（微型乌兹）、Para Micro Uzi（伞兵微型）、Uzi Carbine（乌兹卡宾枪）、Uzi Pistal（乌兹手枪）等
服役时间	1954 年至今
生产厂商	以色列军事工业公司是以色列著名的国防武器制造商，主要为以色列国防军提供小型武器和弹药，也会外销至世界其他多个国家，其主要客户有美国军队和其他北约成员国

TOP3 斯特林 L2A3 冲锋枪	
衍生型号	C1 冲锋枪（加拿大制）F1 冲锋枪（澳大利亚生产）、PAF 冲锋枪（智利、印度特许生产）、SAF 卡宾枪（印度特许生产）
服役时间	1945 年至今
生产厂商	斯特林军备公司（Sterling Armament Company）是英国一家武器制造公司，总部位于英国伦敦达格南区

TOP2 FN P90 冲锋枪	
衍生型号	P90 TR、P90 TAC、P90 USG、P90 LV、P90IR、PS90
服役时间	1990 年至今
生产厂商	FN 公司一般称为 Fabrique Nationale，简称 FN 公司，其没有正式中文译名，字面直译为"赫尔斯塔尔国有工厂"。FN 是比利时的一家枪械研制与生产公司，主要研制各类枪械与子弹

TOP1　MP5 冲锋枪	
衍生型号	MP5K、MP5K-PDW、MP5SD、MP5N、MP5/F、MP5/10、MP5/40 等
服役时间	1966 年至今
生产厂商	黑克勒·科赫是德国的一家枪械制造公司，总部位于巴登 - 符腾堡州的内卡河畔奥伯恩多夫，在美国也有分部

武器尺寸

TOP10　K7冲锋枪
口径 9 毫米
全长 790 毫米
枪管长 788 毫米

TOP9　TMP冲锋枪
口径 9 毫米
全长 282 毫米
枪管长 130 毫米

TOP8　PP-2000冲锋枪
口径 9 毫米
全长 555 毫米
枪管长 182 毫米

TOP7　HK UMP冲锋枪
口径 11.43 毫米、10 毫米、9 毫米
全长 690 毫米
枪管长 200 毫米

TOP6　PP-91冲锋枪
口径 9 毫米
全长 530 毫米
枪管长 120 毫米

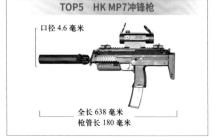

TOP5　HK MP7冲锋枪
口径 4.6 毫米
全长 638 毫米
枪管长 180 毫米

TOP4　乌兹冲锋枪

口径 9 毫米

全长 650 毫米
枪管长 260 毫米

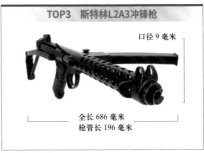

TOP3　斯特林L2A3冲锋枪

口径 9 毫米

全长 686 毫米
枪管长 196 毫米

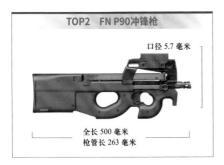

TOP2　FN P90冲锋枪

口径 5.7 毫米

全长 500 毫米
枪管长 263 毫米

TOP1　HK MP5冲锋枪

口径 9 毫米

全长 680 毫米
枪管长 225 毫米

基本作战性能数据对比

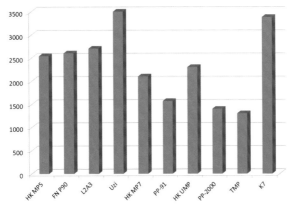

空枪重量对比图（单位：克）

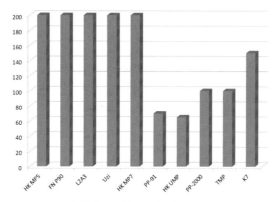

有效射程对比图（单位：米）

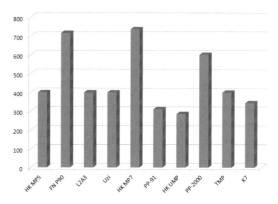

枪口初速对比图（单位：米／秒）

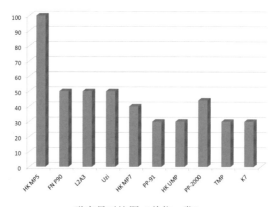

弹容量对比图（单位：发）

K7 冲锋枪

　　K7 冲锋枪是韩国大宇集团研制的 9 毫米冲锋枪，主要用户为韩国特种部队。

排名依据

　　K7 冲锋枪的枪管前端装有独具特色的整体式消声器，能大幅降低噪声和枪口焰。虽然 K7 冲锋枪的综合性能不如德国 HK MP5 系列冲锋枪，但是售价远低于后者，是一款性价比颇高的单兵武器。

研发历程

　　在 1988 年汉城（现首尔）奥运会举办前后，韩国也引进了"反恐特种部队"这一概念，并且开始装备德国 HK MP5 系列冲锋枪。不过，由于预算问题和上级部门的认识不足等，韩国特种部队装备的 HK MP5 系列冲锋枪并不多。到了 20 世纪 90 年代后期，陆军特种部队以及水中爆破队、海军特战团等单位对于微声冲锋枪的需求呼声越来越高。而当时的韩国却因为受到 1997 年亚洲金融危机的影响，国内正处于急缺外汇的状态，大量进口 HK MP5 系列冲锋枪并不现实。为此，韩国大宇集团声称要开发出"性能与 HK MP5SD 一样出色，价格更便宜的 9 毫米冲锋枪"。2001 年，K7 冲锋枪正式定型。2003 年，K7 冲锋枪在阿拉伯联合酋长国的"国际防务展览及会议"上首次展出。

展览中的 K7 冲锋枪

⫶⫶⫶⫶ ★ 总体设计

    K7 冲锋枪是以 K1 卡宾枪为基础，因此机匣外部、伸缩式枪托、手枪式握把、扳机等都与 K1 卡宾枪相同。K7 冲锋枪的整体设计思路与柯尔特 M635 冲锋枪相差无异。它是以气动式自动原理步枪为蓝本，移除气动式结构，并且转换成发射 9 毫米口径弹药。因此，K7 冲锋枪没有采用 K1 卡宾枪的直喷气动式系统（与 M16 突击步枪采用的气动系统相同）或 K2 突击步枪（借鉴加利尔突击步枪）的长行程活塞气动式系统，其使用的是滚轮延迟反冲式系统。K7 冲锋枪还改用新型护木，并将枪管前端改为消声器。

K7 冲锋枪机扳机特写

K7 冲锋枪机械瞄具特写　　　　　　　K7 冲锋枪伸缩握把特写

 性能解析

　　K7 冲锋枪有三种发射模式，分别是半自动、三点发和全自动。如果多次使用全自动射击的话，会更快令微声器内的阻体失效。由于枪机较轻，其射速在 1050 ～ 1250 发 / 分范围内，但主要还是在 1100 发 / 分之内。虽然 K7 冲锋枪的综合性能无法与 HK MP5SD 系列冲锋枪相媲美，但是 K7 冲锋枪的后坐力不大，集弹性也不错。另外，K7 冲锋枪的价格也比 HK MP5SD 系列冲锋枪更便宜。

装备 K7 冲锋枪的韩国特种兵

趣闻逸事

在 2012 年第一人称射击游戏《战争前线》中，K7冲锋枪使用30发弹匣供弹，为工程兵专用武器，中国内地服务器为专家解锁，欧美与俄罗斯服务器为抽奖武器，可以改装瞄准镜，不可改装枪口与战术导轨，视为自带抑制器与枪口制退器。

手持 K7 冲锋枪的韩国特种兵

配用弹药

K7 冲锋枪配备专用的 30 发可拆卸式直弹匣，也可使用乌兹冲锋枪的 20 发、25 发、32 发、40 发或 50 发可拆卸式弹匣，或者伯莱塔 M12 冲锋枪的 20 发、32 发或 40 发可拆卸式弹匣。K7 冲锋枪使用亚音速的 9×19 毫米帕拉贝鲁姆手枪弹，加上整体式消声器，可以大幅减弱射击时的噪声。

装备背带的 K7 冲锋枪

主要用户

国　　家	单　　位
韩国	韩国陆军特种作战司令部、韩国海军特战战团
印度尼西亚	印度尼西亚陆军特种部队司令部，印度尼西亚海军青蛙司令部、死亡之海分队
哥伦比亚	哥伦比亚特种部队
泰国	泰国特种部队

TOP 9　TMP 冲锋枪

　　TMP 冲锋枪是奥地利斯泰尔·曼利夏公司研制的 9 毫米冲锋枪，TMP 意为"战术冲锋手枪"。

排名依据

　　TMP 是一支很紧凑、很轻巧的冲锋枪，全长只有 282 毫米，比手枪略大，空枪重 1.3 千克，火力较强，是一支可单手发射、兼具冲锋枪和手枪双重功能的武器。

研发历程

TMP 冲锋枪的研制工作始于 1989 年,1992 年设计定型并开始批量生产。TMP 冲锋枪在刚推出几年内销量不大,于是斯泰尔·曼利夏公司试图把它当作普通的冲锋枪那样销售。不过销量仍旧不好,于是斯泰尔·曼利夏公司选择了放弃,将其生产权卖给了瑞士布鲁加 - 托梅公司,后者对其稍加改进后以 MP9 的名称销售。

TMP 冲锋枪及其弹药

总体设计

TMP 冲锋枪的结构不同于传统的冲锋手枪。该枪没有套筒,分上、下两个机匣。枪管、枪机都装在上机匣内,而扳机组、击锤组和保险装置在下机匣。上、下机匣均由聚合物制成,由于上、下机匣之间的连续缝很清晰,再加上中间有 1 个滑动式的分解按钮,看起来很像手枪的空仓挂机柄,所以不认识此枪的人很容易把上机匣当成普通半自动手枪的套筒。枪管前部安装在 1 个凸出机匣的枪口衬套中,而枪管后部则位于枪机内,枪机上部有复进簧和复进簧导杆。

TMP 冲锋枪采用延迟后坐式原理,闭锁系统为回转式枪管,在原理上与许多枪管短后坐半自动手枪有相似之处,但设计上有很大的不同。枪机有些类似于包络式枪机，向前延伸到枪管中部，并有闭锁凹槽。而在枪管中间部位有 8 个齿轮状的闭锁凸耳，闭锁凸耳进入枪机前部的闭锁槽内扣合闭锁。在枪管前部有 1 个定型槽，枪管前部位于 1 个枪口衬套内。采用这样的延迟后坐式设计，再加上枪管和枪机的设计比较重，有助于限制后坐能量，并降低射速。

测试中的 TMP 冲锋枪

▌▌▌▶ 性能解析

　　TMP 冲锋枪在使用者连发时保持稳定射击，射击精度比其他的冲锋手枪高。该枪安装有源自 AUG 突击步枪的射控扳机，轻按扳机只能单发射击，完全按下扳机便为全自动射击。该枪的人机工效好，操作方便，很好控制。

分解按钮位于握把上方的上、下机匣之间，使用起来与格洛克手枪相似，野战分解很容易，不需要辅助工具，只要几秒就能完成。除手动保险机构外，TMP 冲锋枪还有不到位保险，防止未完全闭膛时意外击发；另外还有跌落保险，击锤直到扳机扣压到位前都会被锁住，可防止因猛烈撞击而意外发火。

TMP 冲锋枪握持示意

趣闻逸事

在 1995 年电影《盗火线》中，TMP 冲锋枪由派往刺杀尼尔·麦考利的打手所使用。而在 2014 年电影《美国队长 2：冬日战士》中，SPP 冲锋枪（TMP 冲锋枪衍生型号半自动民用型）是猎鹰（安东尼·麦凯饰演）的双持武器。

TMP 枪身左侧特写

重要配件

TMP 冲锋枪的枪口衬套上有螺纹，可用于安装消声器，或者圆筒形的消焰器。除了消声器外，TMP 冲锋枪还可安装光学瞄具，可滑动进入上机匣顶部的凸筋形滑槽内固定。在后期型号上，配上了可安装在机匣顶部滑槽上的皮卡汀尼导轨座，以便于安装通用附件。

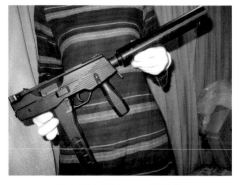

装有消声器的 TMP 冲锋枪

衍生型号

名　称	说　明
TMP-46	4.6×30 毫米试验型
SPP	半自动民用型，口径相同，但枪管较轻，前握把被移除，被称为特种用途手枪
MP9	2001 年，瑞士布鲁加 - 托梅公司购买 TMP 冲锋枪的生产权后推出的改进版
TP9	瑞士布鲁加 - 托梅公司继 MP9 后推出的民用型战术手枪

半自动民用型 SPP

主要用户

国　家	单　位
奥地利	奥地利内务部 "眼镜蛇" 作战司令部
智利	智利警察
印度尼西亚	印度尼西亚特种部队
爱尔兰	爱尔兰陆军游骑兵
意大利	意大利卡宾枪骑兵特别干预组
西班牙	西班牙特警
梵蒂冈	梵蒂冈瑞士近卫队
俄罗斯	俄罗斯联邦安全局

装备 TMP 冲锋枪的俄罗斯联邦安全局成员（右起第二人）

PP-2000 冲锋枪

PP-2000 冲锋枪是俄罗斯图拉仪器设计局研制的 9 毫米冲锋枪，主要装备俄罗斯及哈萨克斯坦、吉尔吉斯斯坦等独立国家联合体的特种部队。

排名依据

PP-2000 冲锋枪同时兼具冲锋手枪和个人防卫武器的特点，外形新奇有趣，在性能上不输于 HK MP7、FN P90 这两种北约的个人防卫武器。PP-2000 冲锋枪于 2004 年夏季在巴黎军备展上首次向世界亮相，就引起了国际轻武器界和参观者的关注。

研发历程

PP-2000 冲锋枪是为适应反恐作战需要而研制的冲锋枪。在与恐怖分子多年的作战中，俄罗斯陆军和特种部队体会到：作战小分队进入城区、山地或丛林地带作战，无法得到重武器火力支援，因而自身需要配备便携的强火力轻武器。图拉仪器设计局了解这种情况后，很快推出了 PP-2000 冲锋枪。2006 年，PP-2000 冲锋枪正式装备部队。2008 年，PP-2000 冲锋枪也被俄罗斯警方采用。

俄罗斯警察使用 PP-2000 冲锋枪

总体设计

PP-2000 冲锋枪的结构非常简单，零部件非常少，以简化维护作业和降低造价，全枪外形紧凑，机匣与握把和扳机护圈由高强度塑料做成一个整体的部件，扳机护圈的前部可以兼作前握把。PP-2000 冲锋枪采用自由式枪机，但为了提高射击精度而采用闭锁待击方式。枪机为包络式，枪机的前部分暴露在机匣外，并兼作上膛推柄。枪口露出的部分较多，不影响附加消声器等枪口装置。

性能解析

PP-2000 冲锋枪的设计紧凑，有利于缩小体积和减轻重量，对提高人机工效、美观度和精度也有帮助。快慢机可由大拇指直接操作，拉机柄可以左右转动。PP-2000 冲锋枪不仅可以发射俄罗斯生产的 7N21 和 7N31 穿甲弹，还能使用西方国家流行的 9×19 毫米手枪弹，适合进行高精度近距离射击。该枪采用独创的减速机构，把理论射速控制在 600 发 / 分左右，因而在连发射击时能确保射击密度和有效性。

PP-2000 冲锋枪握持示意图

PP-2000 枪托部位特写

早期的 PP-2000 冲锋枪能将备用的 44 发可拆卸式弹匣装在枪身的后方，以充当枪托的用途。不过考虑到这种设计并不实用，在量产时已被金属骨架式折叠枪托取代。

测试中的 PP-2000 冲锋枪

重要配件

PP-2000 冲锋枪的枪口可安装消声器，机匣顶部的皮卡汀尼导轨可安装红点镜或全息瞄准镜等战术附件。

装有激光瞄准器的 PP-2000 冲锋枪

配用弹药

PP-2000 冲锋枪可以使用俄罗斯专门设计的两种新型高膛压穿甲手枪弹，即 7N21 和 7N31。其中，7N31 手枪弹可以在 15 米距离贯穿 8 毫米的钢板，在 50 米距离贯穿 5 毫米的钢板，在 90 米距离贯穿 3 毫米的钢板。这令 PP-2000 冲锋枪的穿甲能力（包括贯穿头盔及防弹背心等个人防护装备）和 FN P90（5.7×28 毫米）、HK MP7（4.6×30 毫米）这两种北约的个人防卫武器相当，并且让使用者能够攻击障碍物后或在车内的敌人。同时，PP-2000 冲锋枪还可以发射俄罗斯以外国家生产的任何商用 9×19 毫米北约口径手枪弹，以取得比穿甲弹更好的停止作用。

戴上战术手套也能轻松操作 PP-2000 冲锋枪

轻便的 PP-2000 冲锋枪可以悬挂在腰间

主要用户

国　家	单　位
俄罗斯	俄罗斯陆军特种部队、内务部、国家近卫军、土星监狱特警队等
吉尔吉斯斯坦	吉尔吉斯斯坦特种部队
哈萨克斯坦	哈萨克斯坦特种部队
亚美尼亚	国家安全局

装备 PP-2000 冲锋枪的俄罗斯士兵（图右）

HK UMP 冲锋枪

HK UMP（Universal Machine Pistol，意为"通用冲锋枪"）是德国 HK 公司于 1998 年推出的一款冲锋枪，可使用 11.43×23 毫米、10×22 毫米和 9×19 毫米等子弹。

排名依据

HK UMP 冲锋枪性能优异、后坐力小、易于分解和价钱合理，被多个特种部队及特警单位所采用。

研发历程

20 世纪 90 年代，由于 11.43 毫米口径的高停止力，美国特种部队开始换装 11.43 毫米口径的冲锋枪，以取代停止力不足的 9 毫米冲锋枪。不过，特种部队的主要武器仍然是 9 毫米口径的 HK MP5 冲锋枪，使用 HK MP5 对付较为难缠的敌人时，常常无法进行有效压制，而且其与手枪使用的 .45 ACP 子弹不同，增加了子弹后勤补给上的不便，于是他们希望能改用 11.43 毫米口径的冲锋枪作为制式武器，不过当时市面上并没有适合特种作战的 11.43 毫米口径的冲锋枪。针对这种情况，HK 公司研制了 HK UMP 冲锋枪。

装备 HK UMP 冲锋枪的美国海关和边境保护局成员

总体设计

　　HK UMP 冲锋枪舍弃了 HK MP5 冲锋枪传统的半自由式枪机，改用自由式枪机。它使用闭锁式枪机，以确保射击精度，并安装了减速器，把射速控制在 600 发 / 分，不过在发射高压弹时，射速会提高到 700 发 / 分。

HK UMP 冲锋枪及其弹药

性能解析

　　HK UMP 冲锋枪在设计时采用了 HK G36 突击步枪的一些概念，并大量采用塑料，不仅减轻了重量，也降低了价格，不过 HK UMP 冲锋枪仍保持了 HK 公司一贯的优良性能和质量。试验证明，HK UMP 冲锋枪的可靠性很好，射击精度也相当高，尽管 11.43×23 毫米子弹的后坐力较大，但连发时的后坐力却相当低。总之，HK UMP 冲锋枪性能优秀，完全符合特种作战的要求。

HK 公司测试 HK UMP 冲锋枪

趣闻逸事

　　黑克勒·科赫公司开发 HK UMP 冲锋枪的目的是要向客户提供 HK MP5 冲锋枪以外的另一个选择，而非要将其完全取代，故 HK MP5 冲锋枪至今仍在生产中。

手持 HK UMP 冲锋枪的泰国海军
"海豹"突击队士兵

重要配件

　　HK UMP 冲锋枪的顶部、两侧及下侧都可以很方便地安装上 RIS 导轨，任何符合美国 MIL-STD-1913 军用标准的辅助装置都可以安装在导轨上，如小握把、瞄准具、战术灯、激光瞄准器等。

衍生型号

名　称	说　明
UMP45	UMP 冲锋枪的最初型号，.45 ACP 口径，配 25 发弹匣
UMP40	.40 S&W 口径型，配 30 发弹匣
UMP9	9×19 毫米帕拉贝鲁姆手枪弹，配 30 发弹匣
USC	半自动民用型版本，.45 ACP 口径，配 10 发弹匣

HK UMP45 冲锋枪

主要用户

国　家	单　位
美国	美国特种作战司令部、联邦调查局人质拯救队、中央情报局、边境巡逻局、法警局等
英国	英国皇家宪兵
法国	法国国家宪兵特勤队
西班牙	西班牙陆军、加泰罗尼亚骑警
南非	南非警察局国家干预单位
斯洛伐克	斯洛伐克军队第 5 特种作战团

（续表）

国　　家	单　　位
塞尔维亚	塞尔维亚陆军特别旅、塞尔维亚警察反恐单位
罗马尼亚	罗马尼亚地面部队特种作战营、罗马尼亚海军特别行动组
波兰	波兰警察、波兰特种部队
科索沃	科索沃警察特别干预单位
德国	德国州警察特别行动突击队、德国联邦警察、德国联邦国防军特种部队指挥部
澳大利亚	新南威尔士州警察部队战术行动单位、维多利亚警察紧急事故应对小组
马来西亚	马来西亚海事执法机构

装备 HK UMP 冲锋枪的马来西亚海事执法机构成员

装备 HK UMP 冲锋枪的法国国家宪兵特勤队成员

PP-91 冲锋枪

PP-91 冲锋枪是苏联于 20 世纪 70 年代研制的 9 毫米冲锋枪，但直到 1994 年才开始服役。

研发历程

PP-91 冲锋枪的原型是由叶夫根尼 - 德拉贡诺夫（SVD 狙击步枪的设计师）在 20 世纪 70 年代初期根据苏联军队的要求而设计的 PP-71 冲锋枪，但后来研制计划被搁置，直到 20 世纪 90 年代初期，俄罗斯警察认为需要增强他们在近距离战斗中的火力，才重新开展小型冲锋枪的研制计划。伊热夫斯克兵工厂的设计师对 PP-71 冲锋枪进行了改进，其成果就是 PP-91 冲锋枪。1994年，PP-91 冲锋枪开始在兹拉托乌斯特军工厂批量生产。

枪托展开的 PP-91 冲锋枪

▋▋▋▶ 总体设计

PP-91 冲锋枪全长 530 毫米，枪托折叠后只有 305 毫米，枪管长 120 毫米，枪膛内有 4 条右旋膛线。当安装消声器时，PP-91 冲锋枪需要更换一种外表有螺纹的短枪管。机匣是由 1 毫米厚的冲压钢板铆接和焊接而成，最后经过了黑色磷酸盐处理。枪尾是机器锻造的，与冲压折叠式金属枪托焊接在一起。冲压而成的金属扳机护圈焊接在机匣下面。枪机锻造加工，左侧有整体式的压簧杆，浮动的击针没有击针簧，有一个弹簧定位的拉壳钩。抛壳挺被固定在机匣左侧的内壁。扳机的右上方有快慢机 / 手动保险杆，在机匣上的标记 AB 是全自动，OD 是半自动，P 是保险。机匣尾部竖起一块片状的觇孔照门，在机匣前端有可调节高低和风偏的准星。

拆解后的 PP-91 冲锋枪

▋▋▋▶ 性能解析

PP-91 冲锋枪以反冲作用及闭锁式枪机运作，这种设计比使用开放式枪机的枪械有着更高的精度。其供弹具为 20 发或 30 发容量的双排弹匣，可折叠枪托可用作减轻后坐力。全枪均由冲压钢板制作而成，枪身重约 1.6 千克。快慢机位于机匣右边，并能够切换到半自动和全自动两种射击模式，在全自动模式时此枪会以 800 发 / 分的理论射速进行射击。与许多现代冲锋枪一样，PP-91 冲锋枪也能够装上激光瞄准器和抑制器。

PP-91 冲锋枪右侧特写

PP-91 冲锋枪左侧特写

▌▌▌▷ 配用弹药

　　PP-91 冲锋枪配套 9×18 毫米马卡洛夫手枪弹。20 世纪 50 年代，苏联在研制马卡洛夫 PM 手枪的同时，也研制了配套的 9×18 毫米马卡洛夫手枪弹。根据苏联军方提出的设计指标，这种枪弹要在体积缩小的情况下尽可能提高近距离内的停止作用，威力要适度，能在自由枪机原理手枪上使用。因此该弹没有走 7.62×25 毫米托卡列夫手枪弹小口径、高初速的技术道路，而是走了大口径、低初速道路，在总动能减小的情况下尽可能靠大口径弹头传递更大动能，保证近距离内杀伤效能。与 7.62×25 毫米托卡列夫手枪弹相比，9×18 毫米马卡洛夫手枪弹的初速降低了约 100 米 / 秒，总动能减小了约 30%，后坐力、枪口噪声都有明显降低。

PP-91 冲锋枪及其弹匣

衍生型号

名　　称	说　　明
PP-71	原型枪，于 1969—1972 年被苏联国防部测试，没有投产
PP-91-01 Cedar-B	装有内部抑制器的版本，发射 9×18 毫米马卡洛夫手枪弹
PP-9 Klin	1996—2002 年间为俄罗斯内务部生产的型号，发射 9×18 毫米马卡洛夫手枪弹
PP-919 Cedar-2	1994—1996 年研制的型号，发射 9 毫米帕拉贝鲁姆手枪弹
PKSK-10	发射 9×17 毫米手枪弹的半自动型，使用 10 发弹匣供弹
ERC-9 Korsak	使用长枪管和发射 9×21 毫米手枪弹的半自动原型枪
PST Corporal	使用 10 发弹匣和发射 10×23 毫米手枪弹的半自动型
PDT-9T Captain	使用 10 发弹匣和发射 9 毫米非致命枪弹的半自动型
PDT-13t Captain-3	使用 10 发弹匣和发射 .45 口径非致命枪弹的半自动型
Cedar-MD	只发射空包弹的型号

动作游戏《侠盗猎车手》中的 PP-9 Klin 冲锋枪

主要用户

国　　家	单　　位
俄罗斯	俄罗斯联邦内务部、司法部、安全局、法警局、国家近卫军、麻药管制局
哈萨克斯坦	哈萨克斯坦特种部队

HK MP7 冲锋枪

　　HK MP7 冲锋枪是德国 HK 公司于 20 世纪 90 年代末期研发的个人防卫武器，其使用对象主要是警察、特警及特种部队。

排名依据

　　HK MP7 冲锋枪于 2000 年被德国联邦国防军选为制式武器，此后 HK MP7 冲锋枪开始频繁地在各武器交易展览会中出现，引起了人们的广泛关注。在如今的轻武器市场，HK MP7 冲锋枪可谓大红大紫，短短几年时间里先后出口到近二十个国家，销售量直线上升。

研发历程

　　20 世纪 80 年代中期，随着小口径弹药技术的成熟，法国和比利时相继进行了小口径单兵自卫武器的研制。尽管比利时研制的 FN P90 未能引起期待的轰动效应，但是也触动了德国 HK 公司。20 世纪 80 年代后期，HK 公司以 4.73 毫米口径的无壳弹为基础设想出了"近程自卫武器"（NBW）概念，并于 1990 年 4 月制造出了样枪。后来 NBW 方案被终止，但是近程自卫武器的设想并没有终止。按照北约提出的单兵自卫武器的大体要求，HK 公司继续推进 NBW 的研制，并称其"单兵自卫武器"（Personal defense weapon，PDW），同时采用了普通的铜壳弹代替无壳弹。2000 年，改进后的 PDW 开始装备德国国防军，并被正式命名为 HK MP7 冲锋枪。之后，HK MP7 冲锋枪大量出口，被多个国家的特种部队采用。

展览中的 HK MP7 冲锋枪

▌▌▌▌▶ 总体设计

HK MP7 冲锋枪大量采用塑料作为枪身主要材料，瞄准方式则采用折叠式的准星照门，不过上机匣也装上了标准的皮卡汀尼导轨，允许使用者自行加装各式瞄准装置。HK MP7 冲锋枪采用伸缩式枪托，枪托可通过两个半圆形导杆在机匣内运动，最大伸长长度可达 195 毫米。快慢机有三个位置，单发、连发和保险位置。前方小握把可折叠，其内侧有可移动的卡销。不需要小握把时，把它折叠到枪管下面，使用时，后拉卡销，小握把便自动弹起。HK MP7 冲锋枪弹匣释放按钮的设计与 HK USP 手枪相似，可选配 20 发容量短弹匣或 40 发容量长弹匣，也有 30 发容量弹匣。

装有背带的 HK MP7 冲锋枪

装备 HK MP7 冲锋枪的特种兵

挪威国防军士兵使用 HK MP7 冲锋枪

性能解析

　　HK MP7 冲锋枪的外形与手枪相似，射击时除了可将枪托拉出抵肩射击之外，经过训练的射手还可以使用手枪的方法来射击。由于枪身短小，所以也适用于室内近距离作战及要员保护。HK MP7 冲锋枪的人机工效较好，在结构设计上十分注重可操作性，快慢机、弹匣扣、枪机保险等均能左右手操作，除更换弹匣外，整个操枪射击过程完全可以由单手完成。全枪只由三颗销钉固定，使用者只需用枪弹作为工具就可以完成分解操作，较 HK MP5 和 HK UMP 两种冲锋枪拆解更容易。

趣闻逸事

　　在 2013 年电影《特种部队 2：正面对决》中，HK MP7 冲锋枪由蛇眼（雷·帕克饰演）双持所使用。而在 2014 年电影《总统游戏》中，HK MP7A1 冲锋枪由美国特勤局特勤人员使用，其中一支后来被美国总统（塞缪尔·杰克逊饰演）缴获，用来保护自己。

▶ 重要配件

　　为了满足"21 世纪士兵装备"（德国版的士兵系统）需要，德国联邦国防军要求 HK MP7 冲锋枪能安装更多的激光指示器等辅助装置，因此，HK MP7 冲锋枪在 PDW 的基础上，在机匣上方安装了较长的皮卡汀尼导轨，小握把右侧也加装了较短的皮卡汀尼导轨，可以用于安装瞄准具、激光指示器、战术灯等附件。HK MP7 冲锋枪的枪口处有螺纹，平时安装消焰器，也可安装消声器作微声冲锋枪使用，微声效果与 HK MP5 冲锋枪相当。

装有战术附件的 HK MP7 冲锋枪

▶ 配用弹药

　　HK MP7 冲锋枪采用的 4.6×30 毫米子弹是将实验性武器 HK36 突击步枪配套的 4.6×36 毫米小口径子弹缩短而成，它具备以下特点：极轻的重量；有效射程比 9 毫米帕拉贝鲁姆手枪弹远；后坐力低；威力适中；可提供足够的穿透力。不过，这种子弹也存在停止作用较差的缺点。

　　HK MP7 冲锋枪所使用的 4.6×30 毫米子弹比比利时 FN P90 冲锋枪使用的 5.7×28 毫米子弹（SS190）还要小，弹头的外露部分也少。与 SS190

子弹采用铜被甲、软钢心、后方填充铝的结构不同，4.6×30 毫米子弹的弹头表面覆铜被甲、钢心结构，经过淬火硬化处理后提高了弹头的硬度，在打中防弹纤维制品后不会变形，保证了良好的侵彻能力。除标准钢心弹外，HK公司与英国皇家军械公司下属的雷德维尔·格林公司合作，研制了一系列能满足军警作战和训练使用的 4.6×30 毫米子弹，包括专为美国市场研制用于战斗和训练的全金属被甲弹；为德国国内使用而研制的专门弹头；在危险的小环境中能立即释放能量的警用弹；专为微声冲锋枪研制的亚音速弹；指示弹道的曳光弹；在 50 米距离上能击穿俄式防弹背心的训练弹；采用无铅弹头的易碎训练弹，在接触到坚硬物体表面时破裂，既可以在有防护措施的安全地带进行实战训练，也可以在特定的环境如钻井平台和原子能发电站作为实弹使用；等等。

HK MP7 冲锋枪及其弹药

衍生型号

名　称	说　明
MP7	基本型
MP7A1	2003 年推出的型号。由于 HK MP7 原本的 950 发 / 分射速太高，HK 公司将其射速降至 850 发 / 分，并把整体尺寸略微加长，但稍微将枪托缩短，总长度仍然与 HK MP7 相同。2005 年又加入类似格洛克手枪的扳机安全系统，改良了后备照门
MP7-SF	"SF" 代表单发，为 HK MP7A1 移除全自动射击功能的型号。这是为了针对禁止警察使用全自动武器的国家或地区而生产的型号
MP7A2	HK MP7A1 的最新改进型，取消了原本的折叠式握把设计，改为外接固定式，并在机匣三侧添加皮卡汀尼导轨。HK MP7A2 可装配专用枪套并且有卡其色涂装可选购

MP7A1 冲锋枪握持示意

装备 HK MP7 冲锋枪的马来西亚
海军特种作战部队

主要用户

国　　家	单　　位
德国	德国联邦国防军、德国联邦警察第九国境守备队、德国州警察特别行动突击队
美国	美国海军特种作战开发群
英国	英国国防部警察、英国陆军特种空勤团、伦敦都市警部特种枪械司令部
瑞典	瑞典国防军特别行动任务组
韩国	韩国海洋警察厅海上特别突击队、韩国陆军第 707 特殊任务营、韩国警察厅警察特攻队
马来西亚	马来西亚海军特种作战部队、马来西亚警察特别行动指挥部
日本	日本陆上自卫队特殊作战群
意大利	意大利陆军第 9 伞降突击团、卡宾枪骑兵特别干预组、意大利国家警察中央安全行动局
法国	法国特种作战司令部、国家宪兵特勤队、对外安全总局行动分部
克罗地亚	克罗地亚军队特种部队、克罗地亚特警
挪威	挪威国防军

装备 HK MP7 冲锋枪的挪威国防军士兵

乌兹冲锋枪

　　乌兹冲锋枪是由以色列国防军军官乌兹·盖尔于 1948 年开始研制的一款轻型冲锋枪。该枪结构简单，易于生产，现已被世界上许多国家的军队、特种部队、警队和执法机构采用。

排名依据
乌兹冲锋枪于 1956 年量产，被以色列士兵带上前线作战，其经过实战检验的性能、紧凑外形与强大火力都让使用者十分喜爱。目前乌兹冲锋枪也出口到多个国家，被多支军警队伍当作制式武器。

研发历程

　　乌兹冲锋枪由以色列国防军上尉乌兹·盖尔于 1948 年设计，1951 年生产，1956 年开始量产。当时的乌兹冲锋枪是军官、车组成员及炮兵部队的自卫武器，也是精英部队的前线武器。六日战争时，以色列士兵认为乌兹冲锋枪的紧凑外形及强大火力十分适合于战场，因此对该枪爱不释手。

乌兹冲锋枪不同角度特写

▌▌▌▶ 总体设计

　　乌兹冲锋枪采用来自捷克 CZ 23 至 CZ 26 冲锋枪的开放式枪机、后坐作用设计，而 CZ 冲锋枪系列是第一种采用包络式枪机的冲锋枪，这种设计把弹匣位置改为在握把内，部分枪管会被机匣覆盖，令总长度大幅下降，重量分布更加平衡。机匣采用低成本的金属冲压方式生产，以减小生产成本及所需的金属原料，也缩短了生产所需的时间，而且更容易进行维护及维修，但对沙尘的相容性较低，当击锤释放时，退壳口会同时关上以防止沙尘进入机匣造成故障。乌兹冲锋枪采用握把式保险（位于握把背部，必须保持按压才可发射），降低了走火概率，握把内藏弹匣的设计令射手在黑暗环境下仍可快速更换弹匣。

乌兹冲锋枪局部

|||||★> 性能解析

乌兹冲锋枪最突出的特点是和手枪类似的握把内藏弹匣设计，使射手在与敌人近战交火时能迅速更换弹匣（即使是黑暗环境），保持持续火力。不过，这一设计也增加了全枪的高度，导致卧姿射击时所需的空间更大。此外，在沙漠或风沙较大的地区作战时，射手必须经常分解清理乌兹冲锋枪，以避免射击时出现卡弹等情况。

乌兹冲锋枪有一种专为以色列反恐特种部队特别设计的型号——伞兵微型乌兹，口径为9毫米，机匣顶部及底部加装战术导轨，改为倾斜式握把以对应格洛克18全自动手枪的33发弹匣。

乌兹冲锋枪右侧视角

趣闻逸事

　　乌兹冲锋枪在电视节目、电影和电子游戏中出现的概率相当高，并多会出现双手各持一支扫射不同目标的画面。这其中包括电影《这个杀手不太冷》《战争之王》《尖峰时刻 3》等，以及电子游戏《决胜时刻 4：现代战争》《求生之路》《穿越火线》等。

配用弹药

　　乌兹冲锋枪的常用弹药为 9×19 毫米帕拉贝鲁姆手枪弹，在民间市场上有些会被改膛为 .22 LR、.41 AE、.45 ACP、.40 S&W 及 10 毫米 Auto 等口径。9 毫米口径的弹匣容量为 20 发、25 发、32 发、40 发及 50 发，甚至 100 发弹鼓，.22 LR 及 .41 AE 则是 10 发，而 .45 ACP 为 16 发。

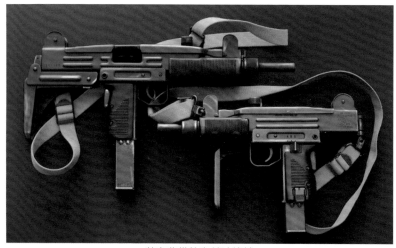

装有背带的乌兹冲锋枪

衍生型号

名　　称	说　　明
Mini Uzi	迷你乌兹，1980 年推出，以标准型缩短而成，也可归类为冲锋手枪，打开枪托后全长 600 毫米，枪托改为向右折叠的钢丝式
Micro Uzi	微型乌兹，20 世纪 90 年代推出，比迷你乌兹还要进一步缩小和缩短的冲锋手枪，同样为 9 毫米口径

（续表）

名 称	说 明
Para Micro Uzi	伞兵微型乌兹，为以色列反恐部队特别设计的型号，机匣顶部及底部加装皮卡汀尼导轨，握把改为倾斜式。扳机护环及握把的外形也与标准型有所不同
Uzi Pistol	乌兹手枪，1984 年推出，为微型乌兹的半自动手枪版本，主要用于出口到各地民间市场，设有枪口制退器
Uzi Carbine	乌兹卡宾枪，标准型乌兹的半自动版本，主要出口至各地民用市场
Uzi PRO	最新推出的微型乌兹衍生型，装有皮卡汀尼导轨

 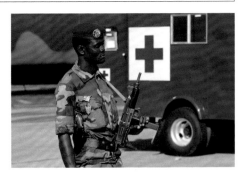

手持微型乌兹冲锋枪的阿根廷特种兵　　　　装备乌兹冲锋枪的尼日尔士兵

主要用户

国 家	单 位
美国	美国军队、特勤局，多个地方警察局的特种武器和战术部队
乌兹别克斯坦	乌兹别克斯坦国家安全局特种部队
乌克兰	乌克兰内务部特种部队
越南	越南军队特种部队
塞尔维亚	塞尔维亚特种部队
波兰	波兰军队行动应变及机动组
哈萨克斯坦	哈萨克斯坦特种部队
以色列	以色列国防军
德国	德国联邦国防军

（续表）

国　　家	单　　位
法国	法国军队、法国国家宪兵特勤队
奥地利	奥地利联邦内务部眼镜蛇作战司令部
尼日尔	尼日尔军队
巴西	巴西军队

装备乌兹冲锋枪的巴西海军士兵

枪托折叠后的乌兹冲锋枪

斯特林 L2A3 冲锋枪

L2A3 冲锋枪的特点是结构简单、加工容易，弹匣容量大，火力持续性好。目前，英国的几支特种部队都在使用。

排名依据
L2A3 冲锋枪大量采用冲压件，工艺性较好，只有少量零件需要机加工。它诞生于 20 世纪四五十年代，于 1953 年开始被英军正式采用。时至今日，L2A3 冲锋枪仍被英国的几支特种部队使用。

研发历程

1945—1953 年，为替换原有的老式武器，英国举行了装备选型试验，"斯特林"冲锋枪在试验中以明显优势战胜了其他竞争对手，成为英国的基本防御武器之一，定名为 L2A1 冲锋枪（商业名称是 MK2）。1953 年起，英军开始用 L2A1 冲锋枪替换"二战"时期的"斯登"冲锋枪。1955 年，根据部队使用意见而改进的新型号 L2A2 冲锋枪（商业名称是 MK3)诞生。1956 年，又进一步改进为 L2A3 冲锋枪（商业名称是 MK4）。

L2A3 冲锋枪拆解图

不同角度特写

1956 年，L2A3 批量装备英军，"斯登"冲锋枪被淘汰。1967 年，在标准型 L2A3 冲锋枪基础上改进而来的 L3A1 微声冲锋枪替代了"二战"期间研制的"斯登"MK2S 微声冲锋枪，该武器主要装备英国特别空勤团（SAS）等特种部队。

▎▎▎▶ 总体设计

总体来说，L2A3 冲锋枪的设计是很成功的，比"斯登"冲锋枪有了很大进步，保留了"斯登"冲锋枪结构简单、加工容易的优点，同时还减小了全枪的体积和质量。L2A3 冲锋枪的瞄准基线更长，射速更低，对提高射击精度有利，侧向安装的弹匣降低了火线高度，有利于减小卧姿射击时射手的暴露面积。该枪另一个优点是弹匣容弹量大，火力持续性好，而且其发射机采用模块化设计，安装和更换都很方便，枪机表面的突筋对提高动作可靠性有较好的作用，只是加工相对麻烦一些。

L2A3 冲锋枪试射

    L2A3 冲锋枪的小握把设计在全枪比较靠前的位置上，枪托安装位置也比较靠前，所以即使枪托展开时全枪也不是很长。L2A3 冲锋枪的折叠枪托结构虽然复杂，但设计得非常成功，折叠后冲锋枪前部增加的体积很小，展开后又比较稳固。

▊▊▊▊▶ 性能解析

    L2A3 冲锋枪大量采用冲压件，同时广泛采用铆接、焊接工艺，只有少量零件需要机加工，工艺性较好。该枪采用自由枪机式工作原理，开膛待击，前冲击发。使用侧向安装的 34 发双排双进弧形弹匣供弹，可选择单、连发发射方式，枪托为金属冲压的下折式枪托，有独立的小握把。瞄准装置采用觇孔式照门和 L 形翻转表尺，瞄准基线比较长。

展览中的 L2A3 冲锋枪

L2A3 冲锋枪的主要缺点是采用左侧的水平弹匣供弹，使得该枪的径向尺寸增大，携带不便，同时影响到全枪的左右平衡性，并且会随着弹匣内枪弹的数量不同而随时变化，这点需要射手较长时间的练习才能掌握。由此带来的另一个弊端，就是这种设计不适合左撇子射手使用，特别是更换弹匣时非常不便。

电影《星球大战》中帝国冲锋队所使用的 E-11 激光枪就是以 L2A3 冲锋枪为原型而设计的。

分解结合

L2A3 冲锋枪的分解结合过程比较简单，可以按以下步骤进行：首先按压弹匣卡笋取下弹匣，拉机柄向后检查弹膛有无枪弹；若枪托在打开位置需要先将枪托折回，然后按压机匣后下方的枪尾盖帽卡笋到位，同时用另一只手向枪口方向推动枪尾盖帽到位，随后逆时针旋转到位，接着缓缓放松，即可取下枪尾盖帽；拉机柄向后直至分解孔处，抽出拉机柄，取下复进簧，然后扣动扳机，取下枪机，并从枪机上依次取下缓冲簧帽、缓冲簧和缓冲簧柱。野外条件下，一般分解到此即可。若要进一步分解发射机和小握把，可以再按以下步骤进行：用弹壳底缘或平头起子卡入小握把右侧的发射机固定销，并转动固定销，使上边的槽对正小握把右侧上方的 Free 字样；用弹尖或拉机柄尖自右向左顶出发射机固定销；扣压扳机，拉动扳机护圈向后，使发射机组件与机匣底部的定位突起脱离，然后向下转动即可取下发射机组件；用螺丝刀拧下握把底部的固定螺钉，向下可抽出小握把。

手持 L2A3 冲锋枪的英军士兵

装备 SAF 卡宾枪的印度海军士兵

衍生型号

名　称	说　明
C1 冲锋枪	1958 年对 L2A3 冲锋枪进行局部改进，由加拿大军械有限公司特许生产，被加拿大军队选为制式武器。标准弹匣改为 30 发，另配有一种 10 发短弹匣
F1 冲锋枪	澳大利亚将本国生产的欧文冲锋枪和 L2A3 冲锋枪的一些特点相结合，于 1962 年研制成功，由新南威尔士州利思戈轻武器工厂生产
PAF 冲锋枪	智利特许生产
SAF 卡宾枪	印度特许生产，被印度军队选为制式武器

主要用户

　　L2A3 冲锋枪的主要用户为英国军队，在英国之外其使用也比较普遍，有 60 多个国家购买或仿制过 L2A3 冲锋枪，包括加拿大、澳大利亚、新西兰、马来西亚、智利、加纳、印度、利比亚、尼日利亚、突尼斯等。

英军退伍老兵手持 L2A3 冲锋枪参加纪念活动　　装备 L2A3 冲锋枪的马来西亚警察

展览中的 L2A3 冲锋枪

FN P90 冲锋枪

FN P90 冲锋枪是 FN 公司于 1990 年推出的个人防卫武器，是美国小火器主导计划，北约 AC225 计划中要求的一种枪械。

排名依据

FN P90 冲锋枪功能全面，能够有限度地同时取代手枪、冲锋枪及短管突击步枪等枪械。FN P90 冲锋枪外形更符合人体工学设计，在使用时不会被衣物等绊到，其短小的枪身，能够让使用者在近距离作战中做出快速反应和射击。

研发历程

"二战"过后，FN 公司意识到当时的子弹，包括手枪和步枪的子弹均不能满足个人防卫武器的要求，于是在 1986 年开始研发全新的子弹 SS90 及新款枪械 P90，原型枪于同年 10 月试射，使用于 1991 年海湾战争，至 1993 年共试产了 3000 支。

测试人员试射 P90 冲锋枪

▎▎▎▷ ⭐ 总体设计

　　FN P90 冲锋枪独特的外形是基于人体工学而设计的：握把类似竞赛用枪的设计，让扣把的手可以与头部靠近的同时保持舒适，最前方垂直向下的凸起物用作防止副手射击时意外地伸到枪口，圆滑的外观也减少了意外被衣服之类绊到的情况发生。

　　设计 FN P90 冲锋枪时，考虑到要在狭窄环境中通过、使用（如装甲车辆内部），FN P90 冲锋枪长度被设计为不长于一个人肩膀的宽度（0.5 米），因此采用无托结构（犊牛式）的设计（也即枪机藏后枪托内，而进弹位则在握把后方），目的是保留枪管长度的同时，尽量把枪身缩短。

FN P90 冲锋枪及其弹匣

　　FN P90 冲锋枪枪身全长只有 500 毫米，但枪管仍有 263 毫米长。较长的枪管让子弹加速时间较长、弹速增高，有助提高射程及穿透力。它采用无托结构后还有其他附带优点：枪身重心部署靠近握把及较贴近射手，因此有利单手操作，可更快速灵活地改变指向。固定枪托在突发情况下能提高射手反应速度及射击精度。

FN P90 冲锋枪弹匣

装有光学瞄准镜的 FN P90 冲锋枪

性能解析

　　FN P90 冲锋枪能够有限度地同时取代手枪、冲锋枪及短管突击步枪等枪械，它使用的 5.7×28 毫米子弹能把后坐力降至低于手枪级别，而穿透力还能有效击穿手枪不能击穿的、具有四级甚至于五级防护能力的防弹背心等个人防护装备。FN P90 冲锋枪的枪身重心靠近握把，有利于单手操作并灵活地改变指向。经过精心设计的抛弹口，可确保各种射击姿势下抛出的弹壳都不会影响射击。水平弹匣使得 FN P90 冲锋枪的高度大大减小，卧姿射击时可以尽量俯低。此外，FN P90 冲锋枪的野战分解非常容易，经简单训练就可在 15 秒内完成不完全分解，方便保养和维护。

装有光学瞄准镜的 FN P90 冲锋枪

趣闻逸事

　　FN P90 冲锋枪于 1991 年海湾战争被首次应用于实战。1997 年日本驻秘鲁大使馆人质挟持时间中，进行人质拯救行动的秘鲁特种部队使用装有消音器的 FN P90 冲锋枪，在该行动中，14 名武装分子被击杀（武装分子身穿的防弹衣都被 FN P90 冲锋枪射穿），71 名人质成功获救。

重要配件

　　由于 FN P90 冲锋枪的枪身非常短，使用机械准星的误差太大，因此 FN P90 冲锋枪需要使用光学瞄准器。原装设计使用 MC-10-80 反射式单点瞄准镜，它的内部有一束由前方集光的光纤来照亮瞄准线，增加昼间环境与准星之间的反差。瞄准镜视界大约是 180 MOA，由一个瞄准中心点与 20 MOA 的同心圆圈构成整个昼间瞄准线。夜间瞄准线是由一个靠"氚组件"照明的"T"形橘红色瞄准线构成，夜间瞄准线亦可于昼间背光时使用。此瞄准器可以由射手微调，并能与夜视器配合使用。光学瞄准器的两侧都有简单的准星，是以便光学瞄准器损坏时做后备之用。

FN P90 枪身右侧特写

▶ 配用弹药

FN P90 冲锋枪使用的 5.7×28 毫米子弹可以轻易穿透具有四级甚至于五级防护能力的防弹背心，这要归功于全新设计的 SS90 和 SS190 子弹。该枪早期的子弹型号为 SS90，采用塑质蕊的全金属外壳战斗部，重 1.5 克，比 9 毫米帕拉贝鲁姆手枪弹轻，弹速 848 米 / 秒。1994 年被短 2.7 毫米及略重的 SS190 所取代。SS190 的弹速约为 712 米 / 秒，以钢及铝制作弹蕊，穿透力比 SS90 强。

SS190 的总能量与 9 毫米帕拉贝鲁姆手枪弹相若，但速度快一倍，后坐力只有 9 毫米帕拉贝鲁姆手枪弹的 70%，重量较 9 毫米帕拉贝鲁姆手枪弹轻，战斗部较尖、长。SS190 的膛压只比 9 毫米帕拉贝鲁姆手枪弹高约 50%，让 FN P90 冲锋枪可以采用简单可靠的运作方式，同时拥有良好射击精度。虽然对防弹装备有很高的穿透力，但 5.7×28 毫米子弹的停止作用并不低，因为战斗部在人体内翻滚足以造成相当的破坏，而对人体的穿透力也不高。因此在警务中使用时有助减少穿过目标后伤及无辜的机会。

FN P90 冲锋枪的弹匣

PS90 冲锋枪的携行箱

衍生型号

名　称	说　明
P90	标准型，可应特种部队的需要在瞄准器两侧增加一段导轨
P90 TR	机匣上以及枪身加装皮卡汀尼战术导轨以安装战术配件。TR 即三导轨之意
P90 TAC	延长了顶部的导轨、新增了新型的消焰器并在导轨座下增加了 1 个后备的简易机械瞄具
P90 USG	与标准型基本相同，区别在于瞄具，铝合金制 MC-10-80 光学瞄准镜内部的瞄准点、圈为黑色，便于日间强光下使用，在暗环境下标示会由氚气发出红色光线
P90 LV	内置激光瞄准器
P90 IR	内置红外线激光瞄准器
PS90	美国民用市场专供，为半自动式

▌▌▌▷ ★ 主要用户

国　　家	单　　位
美国	美国联邦保卫局、移民局、特勤局，各州警察单位
法国	法国陆军、海军陆战队、特种作战司令部、国家宪兵特勤队、国家警察干预组
土耳其	土耳其警察反恐部队、警察反攻队、宪兵特别公众安全指挥部
西班牙	西班牙国家警察特别行动组、空军特种部队单位
波兰	波兰军队行动应变及机动组、政府保护部
秘鲁	秘鲁军队特种部队单位、陆军伞兵部队
荷兰	荷兰陆军突击队集团军、海军陆战队干预单位、宪兵队特别保安任务大队
墨西哥	墨西哥陆军特种部队单位、总统卫队、海军特种部队单位、联邦警察
比利时	比利时国防军、保安护卫分队、联邦警察特别单位
奥地利	奥地利陆军猎人突击队、奥地利宪兵近身护卫队
阿根廷	阿根廷海军战术潜水小组
塞浦路斯	塞浦路斯国民警卫队特种部队

装备 FN P90 冲锋枪的阿根廷海军战术潜水小组士兵

塞浦路斯国民警卫队特种部队士兵装备的 FN P90 冲锋枪

装备 FN P90 冲锋枪的奥地利陆军猎人突击队士兵

HK MP5 冲锋枪

HK MP5 冲锋枪的特点是火力猛烈，便于操作，可靠性强，命中精度高，目前它被多个国家的特种部队采用。

排名依据

HK MP5 冲锋枪被德国 GSG-9 反恐部队在一次反劫机行动中成功使用，其近距离的射击精度也得到有力证明。也正是因为 HK MP5 的高命中精度，目前它已经被多个国家采用，并几乎成为反恐特种部队的标志。

研发历程

HK MP5 冲锋枪的设计源于 1964 年 HK 公司的 HK54 冲锋枪项目（"5"意为 HK 第五代冲锋枪；"4"意为使用 9×19 毫米子弹），该枪以 HK G3 自动步枪的设计缩小而成。前联邦德国政府采用后，正式命名为 HK MP5。

HK MP5 冲锋枪剖视图

安装光学瞄准镜的 HK MP5 冲锋枪

▌▌▌▶ 总体设计

  HK MP5 冲锋枪采用了与 G3 自动步枪一样的半自由枪机和滚柱闭锁方式，当武器处于待击状态在机体复进到位前，闭锁楔铁的闭锁斜面将两个滚柱向外挤开，使之卡入枪管节套的闭锁槽内，枪机便闭锁住弹膛。射击后，在火药气体的作用下，弹壳推动机头后退。一旦滚柱完全脱离卡槽，枪机的两部分就一起后坐，直到撞击抛壳挺时才将弹壳从枪右侧的抛壳窗抛出。

▌▌▌▶ 性能解析

  HK MP5 冲锋枪配套发射 9×19 毫米帕拉贝鲁姆手枪弹，采用塑料固定枪托或金属伸缩枪托，配有 15 发或 30 发弹匣，也能使用 100 发弹链。HK MP5 冲锋枪有多种发射模式可选择，包括连发、单发、两发或三发点射，最高射速可达 800 发 / 分。

枪托折叠后的 HK MP5 冲锋枪

　　1977 年 10 月 17 日，德国 GSG-9 反恐部队在摩加迪沙反劫机行动中使用了 HK MP5 冲锋枪，4 名恐怖分子均被 HK MP5 冲锋枪击中，3 人当即死亡，1 人重伤，人质成功获救，HK MP5 冲锋枪在近距离内的命中精度得到证明。此后，德国各州警察相继装备 HK MP5 冲锋枪，而各国的警察、军队特别是特种部队都注意到 HK MP5 冲锋枪的高命中精度，于是 HK MP5 冲锋枪的出口量逐渐增加。时至今日，HK MP5 冲锋枪几乎成了反恐特种部队的标志。

趣闻逸事

　　HK MP5 冲锋枪因其出色的性能，还被恐怖组织"赤军旅"（Red Army Faction，缩写 RAF，是德国境内的一支左翼恐怖主义组织，已于 1998 年解散）纳入其标志当中。

　　HK MP5 冲锋枪经常出现在影视剧和电子游戏中，作为特种部队队员持有的武器，偶尔也会落入平民与恐怖分子手中。HK MP5 冲锋枪在游戏《半条命》中首次出现，其后许多射击游戏中都出现了其身影。

恐怖组织"赤军旅"标志

配用弹药

　　HK MP5 冲锋枪的标准型配套发射 9×19 毫米帕拉贝鲁姆弹，这是北约军队的制式弹药，也是当今世界使用最广泛的手枪弹。除此之外，HK MP5 系列冲锋枪还能发射 10 毫米和 .40 S&W 手枪弹。10 毫米手枪弹由著名的火器专家杰夫·库柏研发，有着比 .45 ACP 更佳的弹道（更远的射程）以及比 9×19 毫米帕拉贝鲁姆弹更大的停止作用。.40 S&W 则是一种由美国史密斯·韦森公司设计的 10 毫米手枪弹，由 10 毫米手枪弹演化而来，采用中心底火式直筒型弹壳。.40 S&W 被认为是当今最适合司法用途的子弹，当搭配空尖弹使用时更增加了它的停止作用，并且有易于掌控的后坐力。

装备 HK MP5 冲锋枪的瑞士国防军士兵

衍生型号

HK MP5 系列冲锋枪军用型号		
分 类	名 称	说 明
基本型	MP5A1	可安装附件的枪口，海军版扳机，直型弹匣
	MP5A2	固定枪托，海军版扳机
	MP5A3	伸缩枪托，海军版扳机，最广泛使用的型号
	MP5A4	固定枪托，A2 的可三点发扳机版本
	MP5A5	伸缩枪托，A3 的可三点发扳机版本
半自动型	MP5SFA2	改用 0-1 扳机组的 MP5A2
	MP5SFA3	改用 0-1 扳机组的 MP5A3
特制型	MP5N	专为美国海军制造，海军版扳机，伸缩枪托
	MP5F	专为法国军队及警队制造，枪托底板装有软塑料护板
	MP5J	专为日本警队制造，使用 0-1-3-D 扳机组
	MP5/10	专为美国联邦调查局制造，发射 10 毫米 Auto 子弹
	MP5/40	专为美国联邦调查局制造，发射 .40 S&W 子弹
	MP5 RAS	装上导轨系统
	MP5 公事包型	内藏 MP5K 的公事包
短型	MP5K	超短型，全长只有 325 毫米，装有前握把
	MP5KA1	装有简易片形照门的 MP5K
	MP5KA4	MP5K 的可三发点射版本，全系列最小的型号
	MP5KA5	MP5KA1 的可三发点射版本
	MP5K-N	专为美国海军制造，海军版扳机，没有枪托
	MP5K-PDW	MP5K 的个人防卫武器版本
消音型	MP5SD1	装有整体枪管消声器；海军版扳机
	MP5SD2	装有整体枪管消声器，固定枪托，海军版扳机
	MP5SD3	装有整体枪管消声器，伸缩枪托，海军版扳机
	MP5SD4	MP5SD1 的可三发点射扳机版本
	MP5SD5	MP5SD2 的可三发点射扳机版本
	MP5SD6	MP5SD3 的可三发点射扳机版本
	MP5SD-N	MP5SD 的海军版本，不锈钢整体枪管消声器，伸缩枪托

主要用户

国　　家	单　　位
美国	美国军队、特种作战司令部、联邦调查局、特勤局、缉毒局、边境巡逻队等
英国	英国特种部队、武装警察、北爱尔兰警察局
土耳其	土耳其军队、安全总局
泰国	泰国警察、泰国海军水下爆破突击单位
瑞士	瑞士陆军第 10 侦察分队、瑞士空军第 17 伞降侦察连
瑞典	瑞典国防军特种部队、瑞典警察
西班牙	西班牙陆军、西班牙海军、西班牙国家警察特别行动组
俄罗斯	俄罗斯联邦安全局"阿尔法"特种部队、俄罗斯军队特种部队
菲律宾	菲律宾军队、菲律宾国家警察
新西兰	新西兰陆军特种空勤团、新西兰警察特别战术组
荷兰	荷兰军队、荷兰国家警察
摩洛哥	摩洛哥陆军、摩洛哥海军、摩洛哥皇家宪兵
马来西亚	马来西亚军队、马来西亚警察、马来西亚监狱署、马来西亚皇家海关
日本	日本陆上自卫队特殊作战群、日本海上自卫队特别警备队、日本警察厅皇宫警察本部

手持 HK MP5 冲锋枪的美国海军陆战队士兵

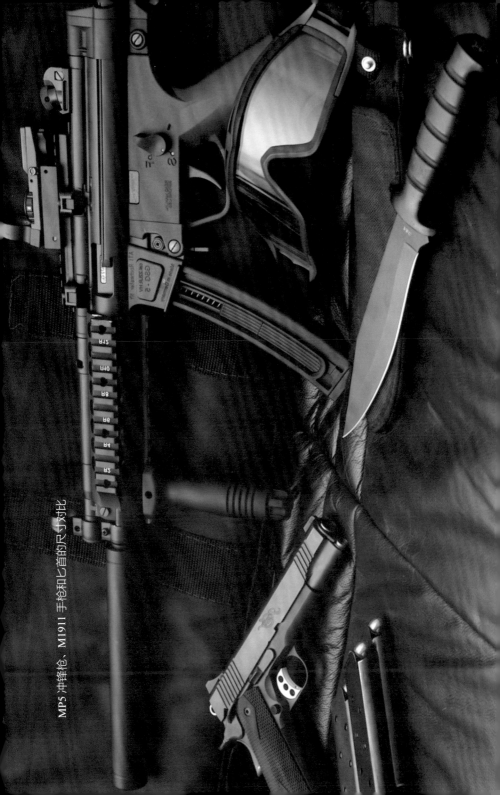

MP5 冲锋枪、M1911 手枪和匕首的尺寸对比

Chapter 04
突击步枪

　　突击步枪是根据现代战争的要求，将步枪和冲锋枪所固有的最佳战术性能成功结合起来的武器，现多指各种类型的能全自动／半自动／点射方式射击、发射中间型威力枪弹或小口径步枪弹的自动步枪。突击步枪具有射速高、性能稳定、后坐力适中、枪身短小轻便等特点。

整体展示

衍生型号、服役时间和生产厂商

TOP20　Galil 突击步枪	
衍生型号	Galil AR、Galil ARM、Galil SAR、Galil MAR
服役时间	1972 年至今
生产厂商	以色列军事工业公司（IMI）是以色列著名的国防武器制造商，主要为以色列国防军提供小型武器和弹药，也外销至世界其他多个国家，其主要客户有美国军队和其他北约成员国

TOP19　AN-94 突击步枪	
衍生型号	AN-94 霰弹枪型
服役时间	1997 年至今
生产厂商	伊兹玛什工厂（现为卡拉什尼科夫集团）是俄罗斯的一家武器制造工厂，总部位于萨拉普尔

TOP18　SR-3 突击步枪	
衍生型号	SR-3M、SR-3MP
服役时间	1996 年至今
生产厂商	伊兹玛什工厂（现为卡拉什尼科夫集团）是俄罗斯的一家武器制造工厂，总部位于萨拉普尔

TOP17　AR-18 突击步枪	
衍生型号	AR-18K、AR-18S、AR-180、AR-180B
服役时间	1969—1983 年
生产厂商	阿玛莱特公司是美国一家轻武器制造商，其总部位于伊利诺伊州。阿玛莱特公司的商标于 1995 年被鹰武器公司购买

TOP16　AK-105 突击步枪	
衍生型号	暂无
服役时间	1994 年至今
生产厂商	伊兹玛什工厂（现为卡拉什尼科夫集团）是俄罗斯的一家武器制造工厂，总部位于萨拉普尔

TOP15　AKM 突击步枪	
衍生型号	AKMS、AKMSU、AKMN
服役时间	1959 年至今
生产厂商	伊兹玛什工厂（现为卡拉什尼科夫集团）是俄罗斯的一家武器制造工厂，总部位于萨拉普尔

TOP14　SIG SG 550 突击步枪	
衍生型号	SG 500 SP、SG 550 Sniper、SG 551、SG 551 SP、SG 551 SWAT
服役时间	1986 年至今
生产厂商	瑞士工业公司（SIG）是瑞士一家轻型武器制造公司，创立于 1853 年，总部设在诺豪森

TOP13　AK-74 突击步枪	
衍生型号	AKS-74、AK-74M、AKS-74U、RPK-74
服役时间	1974 年至今
生产厂商	伊兹玛什工厂（现为卡拉什尼科夫集团）是俄罗斯的一家武器制造工厂，总部位于萨拉普尔

TOP12　FN FAL 突击步枪	
衍生型号	FAL 50.41&50.42、FAL 50.61、FAL 50.63、FAL 50.64
服役时间	1954 年至今
生产厂商	FN 公司一般称为 Fabrique Nationale，简称 FN 公司，其没有正式中文译名，字面直译为"赫尔斯塔尔国有工厂"。FN 是比利时的一家枪械研制与生产公司，主要研制各类枪械与子弹

TOP11 HK G3 突击步枪	
衍生型号	G3A1、G3A2、G3A3、G3A3A1、G3A3ZF、G3A4、G3A4A1、G3KA4、G3KA4A1
服役时间	1959 年至今
生产厂商	黑克勒·科赫是德国的一家枪械制造公司,其总部位于巴登-符腾堡州的内卡河畔奥伯恩多夫,在美国也有分部

TOP10 FX-05 突击步枪	
衍生型号	FX-05 卡宾枪型、FX-05 轻机枪型、FX-05 精确射手步枪型
服役时间	2008 年至今
生产厂商	墨西哥军队装备产业总局隶属于墨西哥政府,主要为军队研制和生产军工产品

TOP9 HK G36 突击步枪	
衍生型号	G36C、G36K、MG36 轻机枪型、G36C 短突击步枪型、G36E 出口型、G36K 特种部队型
服役时间	1997 年至今
生产厂商	黑克勒·科赫是德国的一家枪械制造公司,其总部位于巴登-符腾堡州的内卡河畔奥伯恩多夫,在美国也有分部

TOP8 FAMAS 突击步枪	
衍生型号	FAMAS F1、FAMAS G1、FAMAS G2、FAMAS Felin、FAMAS Export、FAMAS Civil、FAMAS Commando
服役时间	1975 年至今
生产厂商	GIAT 集团(又称莱姆利罗公司)是法国历史悠久的武器制造商,其前身可追溯到 1690 年,其总部设在巴黎布尔歇

TOP7 AUG 突击步枪	
衍生型号	AUG A1、AUG A2、AUG A3、AUG P、AUG M203、AUG HBAR、AUG LMG
服役时间	1979 年至今
生产厂商	斯泰尔·曼利夏公司是奥地利一家轻武器制造公司,创立于 1864 年,创始人为约瑟夫·沃恩德尔

TOP6　HK416 突击步枪	
衍生型号	HK416C、HK417、MR223、MR556、HK416A5
服役时间	2005 年至今
生产厂商	黑克勒·科赫是德国的一家枪械制造公司，其总部位于巴登－符腾堡州的内卡河畔奥伯恩多夫，在美国也有分部

TOP5　FN F2000 突击步枪	
衍生型号	FS2000、F2000 Tactical（战术改良型）
服役时间	2001 年至今
生产厂商	FN 公司一般称为 Fabrique Nationale，简称 FN 公司，其没有正式中文译名，字面直译为"赫尔斯塔尔国有工厂"。FN 是比利时的一家枪械研制与生产公司，主要研制各类枪械与子弹

TOP4　FN SCAR 突击步枪	
衍生型号	SCAR-L、SCAR-H、FN SCAR 16S、FN SCAR 17S
服役时间	2009 年至今
生产厂商	FN 公司一般称为 Fabrique Nationale，简称 FN 公司，其没有正式中文译名，字面直译为"赫尔斯塔尔国有工厂"。FN 是比利时的一家枪械研制与生产公司，主要研制各类枪械与子弹

TOP3　M4 突击步枪	
衍生型号	M4A1、M4 MWS、CQBR、Bushmaster/n4、LWRCM6、SR-556、LA-16、F14
服役时间	1994 年至今
生产厂商	柯尔特是美国著名的枪械生产厂商，于 1855 年成立，总部位于康涅狄格州

TOP2　M16 突击步枪	
衍生型号	MK4Modo、M16A2、M16A3、M16A4、M90A3、M4
服役时间	1963 年至今
生产厂商	柯尔特是美国著名的枪械生产厂商，于 1855 年成立，总部位于康涅狄格州

TOP1 AK-47 突击步枪	
衍生型号	AKM、AK-74、AK-101、102、AK-12、AKS-47、AKS-74U、PP-19、RPK、AKMS、AKMSO
服役时间	1951 年至今
生产厂商	伊兹玛什工厂（现为卡拉什尼科夫集团）是俄罗斯的一家武器制造工厂，总部位于萨拉普尔

 武器尺寸

TOP20 Galil突击步枪

口径 7.62 毫米

全长 1112 毫米
枪管长 509 毫米

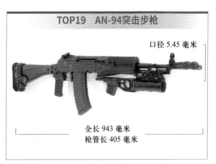

TOP19 AN-94突击步枪

口径 5.45 毫米

全长 943 毫米
枪管长 405 毫米

TOP18 SR-3突击步枪

口径 9 毫米

全长 610 毫米
枪管长 156 毫米

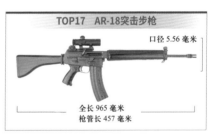

TOP17 AR-18突击步枪

口径 5.56 毫米

全长 965 毫米
枪管长 457 毫米

TOP16 AK-105突击步枪

口径 5.45 毫米

全长 824 毫米
枪管长 314 毫米

TOP15 AKM突击步枪

口径 7.62 毫米

全长 876 毫米
枪管长 369 毫米

TOP14　SIG SG 550突击步枪

口径 5.56 毫米

全长 998 毫米
枪管长 528 毫米

TOP13　AK-74突击步枪

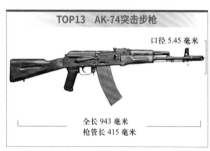

口径 5.45 毫米

全长 943 毫米
枪管长 415 毫米

TOP12　FN FAL突击步枪

口径 7.62 毫米

全长 1090 毫米
枪管长 533 毫米

TOP11　HK G3突击步枪

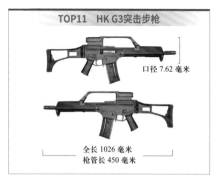

口径 7.62 毫米

全长 1026 毫米
枪管长 450 毫米

TOP10　FX-05突击步枪

口径 5.56 毫米

全长 1087 毫米
枪管长 480 毫米

TOP9　HK G36突击步枪

口径 5.56 毫米

全长 999 毫米
枪管长 480 毫米

TOP8　FAMAS突击步枪

口径 5.56 毫米

全长 757 毫米
枪管长 488 毫米

TOP7　AUG突击步枪

口径 5.56 毫米

全长 790 毫米
枪管长 508 毫米

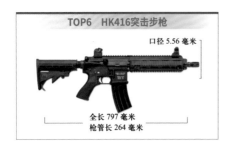

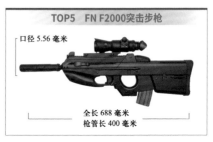

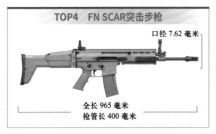

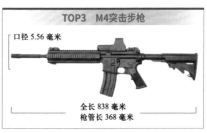

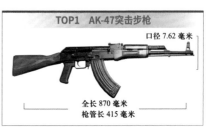

基本作战性能数据对比

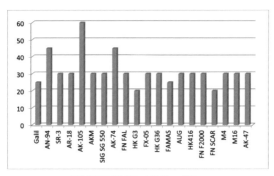

弹容量对比图（单位：发）

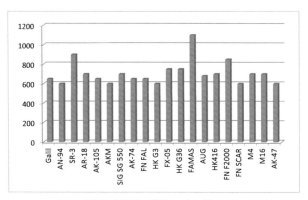

射速对比图（单位：发/分）

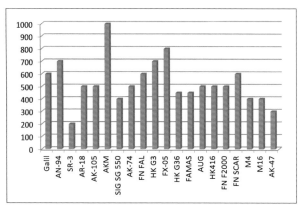

有效射程对比图（单位：米）

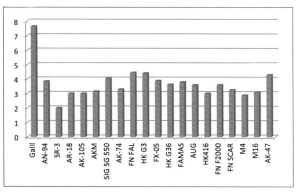

空枪重量对比图（单位：千克）

Galil 突击步枪

Galil 突击步枪是以色列军事工业公司（IMI）于 20 世纪 60 年代末研制的一款步枪，目前仍在使用。

排名依据

Galil 突击步枪是以色列军队的新一代制式步枪，改进了 FN FAL 突击步枪存在的尺寸过大、需要经常清洁等问题，并成功取代 FN FAL 突击步枪在以色列军队中服役。

研发历程

在 1948 年第一次中东战争后，以色列国防军（IDF）由于大量采用各种旧式枪械，出现了弹药种类太多、维修保养困难等后勤问题。1956 年第二次中东战争时，以色列采用 FN FAL 作为制式武器，但受到了多种批评，如尺寸过大、需要经常清洁等。

拆解的 Galil 突击步枪

Galil 突击步枪体验射击

在 1972 年以色列国防军的新一代步枪竞标中，Galil 步枪面对其他对手如 M16A1、AK-47 等，成功中标。中标后的 Galil 步枪被大量生产，并开始在以色列国防军以及其他军种中服役，最终完全取代了 FN FAL 步枪。

吉布提国家警察装备的 Galil 突击步枪

▌▌▌▌▶ 总体设计

Galil 系列步枪是以芬兰 Rk 62 突击步枪的设计作为基础，并且改进在沙漠环境下的操作方式、装上 M16A1 的枪管、Stoner 63 的弹匣和 FN FAL 的折叠式枪托，而 Rk 62 本身又是来自苏联 AK-47 突击步枪。

早期型 Galil 步枪的机匣是采用类似 Rk 62 突击步枪的机匣，改为低成本的金属冲压方式生产。但由于 5.56×45 毫米弹药的膛压比想象的要高，生产方式改为较沉重的铣削，导致 Galil 步枪比其他同口径步枪更沉重。

装备 Galil 突击步枪的特种兵

性能解析

Galil 步枪有多种不同的衍生型，包括：作为标准步枪长度的 AR 型（突击步枪）、缩短枪管长度至卡宾枪的 SAR 型（短突击步枪）、进一步缩短枪管长度至比卡宾枪更短的 MAR 型（微型突击步枪）、改用重枪管、可折叠式提把和两脚架、充当轻机枪的 ARM 型（突击步枪、轻机枪）和改用重枪管、两脚架、安装瞄准镜和可调长度的枪托、充当狙击步枪的狙击型（精确射手步枪）。

装备了 Galil 突击步枪的爱沙尼亚士兵

趣闻逸事

电影《生化危机 2：启示录》中，安装有 C-More 红点镜、前握把、激光指示器等的微型 Galil 步枪，被卡洛斯·奥利韦拉和保护伞公司的队员们所使用。电影《特种部队：眼镜蛇的崛起》中，Galil 5.56 毫米，安装有 C-More 红点镜的 ARM 型，被美军特种部队所使用。

TOP 19 AN-94 突击步枪

AN-94 是俄罗斯现役现代化小口径突击步枪，由根纳金·尼科诺夫于 1994 年研制，1997 年开始服役。

排名依据

AN-94 突击步枪的内部结构精细，射击精度极高，在 100 米距离的头两发弹着点相距不到 2 厘米，比 SVD 狙击步枪的射击效果都要好。

研发历程

AK-74 小口径步枪问世后，根据历次战斗经验，士兵们反映该枪的精度不能令人满意。于是，国防部计划重新研制一种全新的自动步枪，第一代步枪计划被命名为"阿巴坎"。经过一系列测试后，根纳金·尼科诺夫工程师领导的设计小组获得胜利，其成果就是 AN-94 突击步枪。AN-94 突击步枪于 1994 年开始设计，1997 年 5 月 14 日正式列装。

AN-94 突击步枪拆解图

AN-94 突击步枪剖面图

总体设计

AN-94 的机械瞄具与之前俄国突击步枪流行的机械瞄具不同，采用柱形准星和旋转式的觇孔照门。Asterix 型照门安装在枪托后上端，不同高度的孔呈星形分布，孔里可装发光源，有助于射手在黎明薄暮或光线不好的时候瞄准目标。装定射程时，要在机匣顶端旋转星号和设定被需要的孔。通用的 AK 式瞄准镜导轨安装在机匣左侧。准星有护圈保护，准星旁也有发光源，准星本身可以调整风偏和高低。

AN-94 突击步枪原型枪

AN-94 的机匣盖与护木是一个部件，要将其松开和取下，必须将机匣前右侧的解脱杆向下转动。然后，将自动机组件和枪管从其在机匣里的滑动支座和延长杆上拉出。击发组件也可以从枪上卸下，分解时必须将机匣锁定钮按压到底，牢牢抓住，然后旋转位于小握把上方的小解脱杆，使击发组件松开。

▐▐▐▶ 性能解析

AN-94 突击步枪的精度极高，在 100 米距离上站姿无依托连发射击时，头两发弹着点距离不到 2 厘米，远胜于 SVD 狙击步枪发射专用狙击弹的效果，甚至不逊于以高精度著称的 SV98 狙击步枪。但这种高精度却并非所有士兵都需要，对于俄罗斯普通士兵来说，AN-94 突击步枪的两发点射并没有多大帮助。而且现代战争中突击步枪多用于火力压制，AN-94 与 AK-74 所发挥的作用并没有太大差别。

下挂 GP-25 榴弹发射器的 AN-94 突击步枪

尽管 AN-94 突击步枪的内部结构精细，但外表处理比较粗糙，容易磨破衣服或擦伤皮肤。此外，由于俄罗斯士兵长久以来习惯使用 AK 系列步枪，风格迥异的 AN-94 突击步枪让他们需要很长时间才能熟悉。

趣闻逸事

　　在游戏《逆战》中，AN-94 突击步枪必须要玩家等级到达 30 级之后才可购买，其威力与 AK-47 突击步枪相当，并且射速非常快，不到 3 秒就可打光 1 个弹匣（30发），所以在游戏里使用 AN-94 突击步枪时必须再携带一两个弹匣。在游戏中，AN-94 突击步枪的单点效果极好，被玩家誉为"平民神器"。

18 TOP　SR-3 突击步枪

　　SR-3 是由俄罗斯中央研究精密机械工程研究院研发，伊兹玛什工厂生产的一款 9 毫米口径紧凑型全自动突击步枪。

排名依据

　　SR-3 突击步枪体型小巧，主要被用作要员保护，也适用于对付身穿重型防弹衣和躲在掩体后的敌人。SR-3 还被俄罗斯一些精锐反恐部队采用，在近距离作战中使用。

研发历程

　　20 世纪 90 年代，俄罗斯中央精密机械工程研究院以 AS Val 微声自动步枪为蓝本研制新一代紧凑型突击步枪。初期试验改装型被命名为 MA，即 Malogabaritnyj Avtomat（小型自动步枪）的简写，代号"旋风"。MA 的

初步测试完成后，中央精密机械工
程研究院又将该项目的枪械命名为
RG-051。1991 年，首批试产的 RG-
051 突击步枪正式交付给克格勃进行
测试。1996 年，通过广泛性实战测
试的 RG-051 突击步枪被正式定型为
SR-3，并继承之前的代号"旋风"。

装备 SR-3 突击步枪的俄罗斯士兵

SR-3 突击步枪结构示意图

⬛⬛⬛⬛▶ ⭐ 总体设计

　　SR-3 突击步枪是从 AS 改进而来，两者自动原理和击发结构都一样。该
枪采用导气式自动原理,位于枪管上方的长行程导气活塞与枪机框刚性连接,
回转式枪机有 6 个闭锁凸耳。其机匣用锻压钢加工以提高强度和耐用性。该
枪没有拉机柄，而是在前托上方有两个滑块，拉动这两个滑块就可以手动循
环枪机。当枪射击，滑块不随枪机一起运动。如果发生不完全闭锁或其他原
因需要手动闭膛时，在枪机框右侧有 1 个水滴形凹坑，内有锯齿形防滑纹，
射手可以把用手指借助这个凹坑强行推枪机向前。而击发机构有点类似于捷
克的 SA. VZ.58 突击步枪，为平移式击锤。击锤簧位于枪机复进簧下方，两
个弹簧组的弹簧导杆和聚合物枪机缓冲器一起安装在枪尾。

从下往上依次为 VSS 微声狙击枪、AS VAL 特种突击步枪、SR-3 突击步枪

和 AS、VSS 不同的是，SR-3 突击步枪把 AK 式的保险旋柄改成握把上方左右两侧都有的小旋柄，这样无论左右手射击都能方便地使用拇指操作。快慢机则仍然是 AS 的形式，是位于手枪形握把上方的 1 个横推式的按钮，左侧的 3 点标记为全自动，右侧的单点标记为半自动。

性能解析

SR-3 突击步枪使用 9×39 毫米亚音速步枪弹，原本配备 10 发和 20 发可拆卸式弹匣，后来根据用户要求又研制了容量更大的新型 30 发聚合物制或钢质可拆卸式弹匣。

SR-3 和 SR-3M 均采用上翻式调节的机械瞄准具，射程分别设定为攻击 100 米以内和 200 米以内的目标，准星和照门都装有护翼以防损坏。但由于该枪的瞄准基线过短，且亚音速子弹的飞行轨迹弯曲度太大，所以实际用途与冲锋枪相近，其实际有效射程仅为 100 米。不过，SR-3 突击步枪击发这种 9×39 毫米亚音速步枪弹的贯穿力要比冲锋枪和短枪管卡宾枪强上许多，能在 200 米距离上贯穿 8 毫米厚的钢板。

装有瞄准镜的 SR-3 突击步枪

SR-3 突击步枪主要用作要员保护，但 SR-3 突击步枪也很适合对付身穿重型避弹衣或是躲藏在汽车和其他坚固掩体后方的敌人，所以俄罗斯的一些精锐反恐部队也采用了一些 SR-3 突击步枪，在近距离作战时使用这种小巧轻便但威力强大的小型步枪。

 趣 闻 逸 事

SR-3 突击步枪出现于多款电子游戏中，包括《幽灵行动：尖峰战士 2》《细胞分裂》《幽灵行动：未来战士》《战地之王》等。在游戏《战地之王》中，型号为 SR-3M，弹匣容量为 30 发，并被归类为冲锋枪。

 # AR-18 突击步枪

AR-18 突击步枪是阿玛莱特公司于 1963 年由 AR-15 突击步枪改进而成的一款单兵武器，其设计理念对后来的许多步枪产生了深远影响。

排名依据

AR-18 突击步枪由 AR-15 突击步枪改进而来，尽管其销量并不好，但其设计理念对后来的许多步枪都产生了深远影响。

研发历程

20 世纪 50 年代末，阿玛莱特公司开发出了 AR-15 突击步枪。在美军长时间测试 AR-15 突击步枪期间，阿玛莱特公司放弃了这个设计，并将其生产权卖给柯尔特公司。

折叠枪托的 AR-18 突击步枪

装有光学瞄准镜和背带的 AR-18 突击步枪

后来，美军决定采购发射 5.56 毫米弹药的 AR-15 突击步枪，而阿玛莱特公司也开始寻求可以与 AR-15 突击步枪匹敌的设计。但尤金·斯通纳已经离开公司，所以任务就被交给了阿玛莱特新任的首席设计师亚瑟米勒。最后的设计被命名为 AR-18。设计师亚瑟米勒于 1969 年获得了该枪的专利。

总体设计

AR-18 枪身铭文"AR 18 ARMALITE"标于手枪握把上，"ARMALITEAR -18 PATENTS PENDING"标于弹匣槽左侧，序列号标于机匣后方顶部、机匣左侧或弹匣槽上。机匣左侧也可能标有"MADE BY TERLING ARMAMENTS"。手

动保险 / 快慢机位于枪身左侧、手枪握把上方：向后为保险，垂直位置为单发射击，向前为连发射击。弹匣扣位于机匣右侧。

不完全拆解的 AR-18 突击步枪

性能解析

AR-18 突击步枪的整体结构与 AR-15/M16 系列步枪不同，反而与 M14 自动步枪有些类似，只是拉柄与活塞连杆不是一个总成。这个短行程活塞传动结构后来被许多新型步枪沿用，其优点就是可以延迟或者部分规避不良弹药在射击燃烧时所形成的严重积碳情况。

AR-18 突击步枪与 M16 一样采用气体传动运作，但 AR-18 突击步枪是以瓦斯筒承接瓦斯，然后推动连杆，将枪机往后推动完成枪机开锁、退抛壳与再进弹待击的程序动作。这种结构的好处在于它可以延迟或规避部分使用成分不良的子弹在射击时所形成的严重积碳。

趣闻逸事

由于 AR-18 突击步枪的市场销售并不好，于是阿玛莱特公司将 AR-18 突击步枪的制造权出售给了新加坡 CIS 公司（新加坡特许工业公司），该公司在 AR-18 突击步枪的基础上衍生出了 SR-88 突击步枪和 SAR-80 突击步枪等产品。

AK-105 突击步枪

AK-105 是俄罗斯生产的 AK-74M 突击步枪的缩短版本，是 AK 枪族的成员之一。

排名依据
AK-105 突击步枪目前主要装备于俄罗斯"信号旗"和"阿尔法"等特种部队，并且有很多国家的总统卫队也选择使用 AK-105 突击步枪，反响不错。

研发历程

AK-105 突击步枪的主要用户为俄罗斯军队和执法机构，并用于补充一部分在俄罗斯陆军服役的 AKS-74U 卡宾枪的耗损空缺。此外，该枪还被亚美尼亚军队采用，于 2010 年购入 480 支。

枪托折叠的 AK-105 突击步枪

总体设计

AK-105 突击步枪非常轻便，其主要原因是用能够防震的现代化复合工程塑料取代了旧型号所采用的木材。这种新型塑料结构不但能够应对各种恶劣的气候，而且还可以抵御锈蚀。

当然，塑料结构最大的特点是重量更轻。该枪的供弹装置主要有 3 种，包括 30 发的双排弹匣、60 发的四排弹匣和 100 发的弹鼓。可拆式的黑色弹匣由玻璃钢制成，有轻巧耐用的特点。枪托由聚合物塑料制成，内部为附件储存室，可将清洁枪支的工具盒储存在枪托内部。此外，该枪可安装 AKS-74U 型枪口消焰器，并能加装瞄准镜。

AK-105 突击步枪右侧视角

装有背带的 AK-105 突击步枪

性能解析

AK-105 突击步枪非常适合在 300 米内的作战范围及城市攻坚战中使用，在 300 米距离内，能够轻易攻击无防护的敌人，在攻击有防护的敌人时，其杀伤力要高于 AKS-74U 突击步枪。

趣闻逸事

　　AK-105 突击步枪可加装瞄准镜，其瞄准镜有 EOTech、Aimpoint Micro 等型号，EOTech 瞄准镜将瞄准基线加高了不少，Aimpoint Micro 瞄准镜则只将瞄准基线提高了不到两个食指的宽度，并且任何姿势下都能贴腮射击。尽管 EOTech 的效果也不错，但俄罗斯老兵都会强行征用所有的 Aimpoint Micro 瞄准镜，剩下的 EOTech 瞄准镜则给新兵使用。

AKM 突击步枪

　　AKM（是俄语 Автомат Калашникова модернизирован 的简称，意为：卡拉什尼科夫自动步枪改进型）是由卡拉什尼科夫在 AK-47 基础上改进而来的突击步枪。

排名依据

　　AKM 突击步枪是在 AK-47 突击步枪的基础上改进而来的，其比 AK-47 更实用，更符合现代突击步枪的要求，至今仍被俄罗斯军队和内务部门使用。

研发历程

　　AKM 突击步枪于 1959 年投产，逐渐取代 AK-47 突击步枪成为苏联军队的制式步枪。作为 AK-47 突击步枪的升级版，AKM 突击步枪更实用，符合现代突击步枪的要求。时至今日，俄罗斯军队和内务部仍有装备。此外，一些独联体国家及第三世界国家也有装备，还有一些国家进行了仿制及改良。

AKM 突击步枪结构示意

枪托部位特写

AKM 突击步枪拆解图

AKM 突击步枪及其弹匣

▍▍▍▶ 总体设计

AKM 突击步枪的改进主要包括，弹匣改用轻合金制造，并能与原来的钢质弹匣通用，后期还研制了一种玻璃纤维塑料压模成型的弹匣，也可以完全通用。枪托、护木和握把皆采用树脂合成材料制造，使全枪的重量减轻。枪机和枪机框表面经磷化处理，活塞筒前端有 4 个半圆形缺口，恰好与导气箍类似的缺口配合。护木上新增手指槽，便于射手在全自动射击时控制武器。

||||▷ 性能解析

AKM 突击步枪的突出特点是采用冲铆机匣代替 AK-47 突击步枪的铣削机匣，不仅降低了生产成本，而且减轻了重量。由于采用了许多新技术，改善了不少 AK 系列步枪的固有缺陷，AKM 突击步枪比 AK-47 突击步枪更实用，更符合现代突击步枪的要求。

AKM 突击步枪扳机组上增加的"击锤延迟体"，从根本上消除了哑火的可能性。在试验记录上，AKM 突击步枪未出现一次因武器方面引起的哑火现象，可靠性良好。此外，AKM 突击步枪的下护木两侧有突起，便于控制连射。

保加利亚士兵使用 AKM 突击步枪　　　AKM 突击步枪与 HK MP5 冲锋枪进行射击对比

此外，AKM 还增加了表尺射程，表尺分划为 200~1000 米，一个分划为 200 米；柱形准星和 U 形缺口照门都有可翻转的附件，内装荧光材料镭221，用于夜间瞄准。

趣 闻 逸 事

在游戏《CS: Online》中，AKM 是一款使用 30 发 7.62 毫米子弹的突击步枪，性能在 AK-47 突击步枪之上，只有 54 级及以上等级时才可以使用，推荐在竞技模式和团队决战模式中使用。

SIG SG 550 突击步枪

SIG SG 550 是瑞士工业公司（SIG）于 20 世纪 70 年代研制的突击步枪，是瑞士陆军的制式步枪，也是世界上射击精度的突击步枪之一。

排名依据

SG 550 突击步枪的主要优点是有较高的射击精度和可靠性，是世界上射击精度较高的突击步枪之一。目前已被瑞士、巴西、法国、德国等国的军队和特种部队使用。

研发历程

20 世纪 70 年代后半期，在世界轻武器出现小口径浪潮的情况下，瑞士军方也决定寻求一种小口径步枪，取代部队装备的 SG 510 系列 7.62 毫米突击步枪。经过评比，瑞士军方在 1983 年 2 月最终选择了瑞士工业公司（SIG）的 SG 541 步枪，采用后命名为 SG 550 突击步枪。

枪托折叠的 SG550 突击步枪

SG500 突击步枪右侧视角

总体设计

SG 550 突击步枪的一个独特之处是塑料弹匣上有螺丝与螺母,可并排安装两三个弹匣。其中一个弹匣插入弹匣口,射击完枪弹后,可迅速卸下弹匣,换上并排安装的其他弹匣。枪身铭文"SG 550"和序列号标于机匣左侧。保险装置:手动保险/快慢机位于机匣左侧、手枪握把上方。向后为保险,前上方有 3 挡,分别为单发、三发点射和连发射击。退弹过程:弹匣扣位于弹匣槽后部。卸下弹匣,向后拉拉机柄退出枪膛中的枪弹,通过抛壳口检查枪膛和进弹口,松开拉机柄,扣动扳机。

性能解析

SG 550 突击步枪采用导气式自动方式,子弹发射时的气体不是直接进入导气管,而是通过导气箍上的小孔,进入活塞头上面弯成 90 的管道内,然后继续向前,抵靠在导气管塞子上,借助反作用力使活塞和枪机后退而开锁。

SG 550 突击步枪大量采用冲压件和合成材料,大大减轻了全枪重量。枪管使用镍铬钢锤锻而成,枪管壁很厚,没有镀铬。消焰器长 22 毫米,其上可安装新型刺刀。标准型的 SG550 突击步枪有两脚架,以提高射击时的稳定性。SG 550 突击步枪的主要优点是有较高的射击精度和可靠性,而其缺点则是重量较重,导致其机动性降低等。

作为狙击步枪使用的 SG550

趣 闻 逸 事

SG 550 突击步枪因其具有高射击精度,因此 SIG 公司还在 SG 550 突击步枪的基础上研制出 SG 550 狙击步枪型,其射速快并且精准,通过了瑞士军队严格的恶劣环境可靠性测试。

AK-74 突击步枪

　　AK-74 突击步枪是卡拉什尼科夫于 20 世纪 70 年代在 AKM 突击步枪基础上改进而来的，是苏联装备的第一种小口径突击步枪，直到现在仍然是许多独联体国家的制式步枪。

排名依据
AK-74 至今已有 40 余年的历史，并经过阿富汗战争和车臣战争的考验。

研发历程

　　20 世纪 60 ～ 70 年代，由于美国 M16 突击步枪的成功，许多国家都纷纷研制小口径步枪。鉴于小口径枪弹的综合性能高于 7.62 毫米中间型威力子弹，苏联也开始研制新型的小口径步枪弹及武器，AK-74 突击步枪和

1974 型步枪弹装备（5.45×39 毫米）应运而生。AK-74 突击步枪在 1974 年开始设计，同年 11 月 7 日在莫斯科红场阅兵仪式上首次露面，随后成为苏联军队制式装备。

AK-74 突击步枪不完全拆解

AK-74 突击步枪及其弹匣

右侧视角

总体设计

AK-74 突击步枪的枪托为木质固定枪托，底板上有黑色橡胶垫，使抵肩射击时更稳定，而且有缓冲作用的效果，木托两侧加工有长约 100 毫米、宽 19 毫米的槽，可以作为识别标志。AKS-74 的枪托是骨架形折叠枪托，由钢板冲压点焊而成，向左折叠。AK-74 的小握把使用模塑制成，护木使用层压木板制成。

左侧视角

151

俯视视角

　　AK-74 突击步枪的弹匣材料为模压成型的玻璃纤维塑料，重量轻，生产简单，成本低。这种弹匣强度高，坚固耐用，曲度减小，侧面无突筋和凹槽，外表平滑，但重量不轻。最初的弹匣是橙色的，后来又生产了黑色和深棕色两种弹匣。

||||▷ 性能解析

　　与 AK-47 突击步枪和 AKM 突击步枪相比，AK-74 突击步枪的口径缩小，射速提高，后坐力减小。由于使用小口径弹药并加装了枪口装置，AK-74 突击步枪的连发射击精度大大提高，不过单发射击精度仍然较低，而且枪口装置导致枪口焰明显，尤其是在黑暗中射击。

　　此外，AK 系列枪机撞击机匣的问题依然没有解决，而且仍采用缺口式照门，射击精度仍低于一些同类西方枪械。但 AK-74 仍不失为一款优秀的突击步枪，它使用方便，未经过训练的人都能很轻松地进行全自动射击。时至今日，AK-74 突击步枪的使用已有近 40 年时间，经过了阿富汗战争和车臣战争的实战考验。

趣闻逸事

　　AK-74 突击步枪出现于电影《炼狱》中的型号为 AK-74M，部分装有 GP-25 附加型榴弹发射器，被第 131 摩托化步兵旅的士兵和车臣叛军所使用。

FN FAL 突击步枪

　　FAL 自动步枪由比利时枪械设计师迪厄多内·塞弗设计，比利时国营赫斯塔尔公司（FN）研制、生产，FAL 是法文"Fusil Aotomatique Légère"的首字母缩写，意为轻型自动步枪。FN FAL 是世界上著名的突击步枪之一，是许多国家的制式装备。

排名依据

　　FN FAL 突击步枪是世界著名的突击步枪之一。FN FAL 突击步枪不仅在军警单位中被广泛使用，在 20 世纪 60 ～ 70 年代，FN FAL 突击步枪还被西方雇佣兵广泛使用，并被雇佣兵誉为"二十世纪最伟大的雇佣兵武器"。

研发历程

　　FAL 自动步枪源于二战结束后英国新的步枪研制计划。最初的 FAL 原型枪设计使用德国 StG44 突击步枪的 7.92×33 毫米中间型威力子弹，根据英国的要求改成了 7×43 毫米。当时北约为简化后勤供应而进行弹药通用化，由于美国施加压力坚持推行大威力的 7.62×51 毫米 T65 步枪子弹，

1953 年北约最终选择 T65 步枪子弹作为标准步枪子弹。所以 FAL 自动步枪最终也采用了 7.62×51 毫米 NATO 标准步枪子弹。

左侧视角

由于比利时感激二战中北约各国解放了比利时，因此 FN 公司对制造 FN FAL 突击步枪的北约国家不收取任何权利费用，FN FAL 突击步枪也因此被大量国家作为制式装备。

利用不同枪托的 FN FAL 突击步枪

总体设计

FN FAL 突击步枪采用气动式工作原理，枪机为偏移式闭锁。导气装置位于枪管上方，导气箍前端有可调整的螺旋气体调节器，可根据不同的环境状况调整枪弹发射时进入导气装置的火药气体压力。FN FAL 突击步枪带有空枪挂机机构，不随枪机运动的拉柄位于机匣左侧，快慢机柄可选择单发或连发射击模式。其机匣上方装有可折叠的提把，枪口安装有消焰器。

试射 FN FAL 突击步枪

性能解析

FN FAL 突击步枪工艺精良，可靠性好，易于分解，枪托接近枪管中心线，能有效抑制枪口跳动，所以其单发射击精度良好。FAL 还可选择发射枪榴弹。FN FAL 突击步枪存在与美国 M14 步枪类似的弹药威力过大，射击时后坐力使连发射击时难以控制以及散布面较大的问题，因此部分国家制造时取消了连发射击模式，只进行单发射击。

在游戏《战争前线》中，FN FAL 突击步枪的型号为 DSA SA58 长枪管型，命名为"DSA SA58 SPR"，黑色枪身，20 发弹匣。作为狙击手专用武器，只能通过游戏内抽奖获得，并可以改装所有配件。另外，FN FAL 突击步枪还出现在《决胜时刻》系列、《战地：硬仗》《彩虹六号：围攻行动》等游戏中。

HK G3 突击步枪

HK G3 是 HK 公司于 20 世纪 50 年代，以 StG45 步枪为基础所改进的现代化自动步枪，是世界上制造数量最多、使用最广泛的自动步枪。

排名依据
HK G3 突击步枪是 HK 公司研制的现代化步枪，也是世界上制造数量最多、使用范围最广泛的自动步枪。目前，HK G3 突击步枪被世界 80 多个国家采用，并已生产了超过 100 万支。

研发历程

"二战"期间，德国人路德维希·福尔格里姆勒发明了一种利用滚柱闭锁原理的枪机，毛瑟兵工厂利用该设计制造出 StG45 突击步枪。战后，福尔格里姆勒辗转至西班牙，研制出 CETME 步枪，而前联邦德国正需要更换新枪。

因此，前联邦德国与西班牙政府签订合同，修改并订购首批 500 支的 CETME 步枪，条件是由 HK 公司生产，经过修改后的步枪被命名为 HK G3 突击步枪。

HK 公司生产的第 100 万支 HK G3 突击步枪被放在公司的陈列室珍藏

总体设计

HK G3 突击步枪采用半自由枪机式工作原理，零部件大多是冲压件，机加工件较少。机匣为冲压件，两侧压有凹槽，起导引枪机和固定枪尾套的作用。枪管装于机匣之中，并位于机匣的管状节套的下方。管状节套点焊在机匣上，里面容纳装填杆和枪机的前伸部。装填拉柄在管状节套左侧的导槽中运动，待发时可由横槽固定。

德国士兵以半蹲姿势操作 HK G3 突击步枪

装备 HK G3 突击步枪的德国士兵

被改装为狙击步枪的 HK G3 突击步枪

　　HK G3 突击步枪发射机构是一个独立的组合件，用连接销固定在机匣上。HK G3 突击步枪的枪管采用普通膛线，弹膛内壁开有 12 条纵向槽，以

降低抽壳阻力。枪口部有螺纹，并有一个锯齿形的圆环，用以安装消焰器固定卡簧或发射空包弹的附件。该枪采用机械瞄准具，并配有光学瞄准镜和主动式红外瞄准具。

左侧视角

▌▌▌▶ 性能解析

　　从 1959 年到现在，世界上共有 80 多个国家购买了 HK G3 突击步枪，其中有 10 多个国家获得了特许生产权。虽然在 20 世纪七八十年代后，世界上出现换装小口径突击步枪的潮流，但现在仍有 40 多个国家在使用 HK G3 突击步枪。HK 公司在 HK G3 突击步枪的基础上，在很短的时间内，通过局部的变换就能迅速地扩展出包括冲锋枪、轻机枪、狙击步枪在内的多种变形枪，使 G3 系列成为世界上变形枪最多的枪械。而通过 G3 系列起家，HK 公司也成了世界上著名的枪械厂家之一。

HK G3 突击步枪及其弹匣

趣 闻 逸 事

　　HK G3 突击步枪使用广泛，在葡萄牙殖民战争、罗得西亚战争、六日战争、康乃馨革命、两伊战争、萨尔瓦多内战、北爱尔兰问题、库尔德－土耳其冲突、克罗地亚独立战争、塞拉利昂内战、埃塞俄比亚内战、2001 年阿富汗战争、持久自由军事行动、伊拉克战争、墨西哥毒品战争以及 2011 年利比亚内战中均有使用。

FX-05 突击步枪

FX-05 突击步枪是由墨西哥军队装备产业总局生产的一款单兵武器，目前，被墨西哥军队所采用，并作为制式武器。

排名依据

FX-05 突击步枪是墨西哥政府自行研发的一款单兵武器，FX-05 突击步枪采用模块化设计，并以大多数墨西哥士兵体格为基准来进行人体工学方面的优化设计。其还是世界少有的使用多边形膛线的突击步枪，这种设计能使枪管寿命更长，射击精度更高。

研发历程

为了取代已在墨西哥军队中装备多年的 HK G3A3 自动步枪，墨西哥政府最初计划引进德国 HK G36 突击步枪，甚至都已经制定了转让技术和设备计划。但最终墨西哥政府出于希望下一代制式步枪能发射新的 6.8×43 毫米 SPC 步枪弹而取消了这个引进方案，并下令开始进行 FX-05 项目。FX-05 突击步枪有多个衍生型号以对应不同的用途，其中主要有突击步枪型、卡宾枪型、轻机枪型和精确射手步枪型。

墨西哥 2006 年阅兵仪式上的 FX-05 突击步枪

装备 FX-05 突击步枪的特种兵

总体设计

FX-05 突击步枪采用模块化设计,并以大多数墨西哥士兵体格为基准来进行人体工学方面的优化设计。它的聚合物机匣和枪身有两种基本的颜色(暗绿色和沙黄色),并配备了可折叠到右侧的塑料枪托,以减少其整体的大小和便于携行,而且可调节长度,伸缩机构的设计类似于 M4 卡宾枪,折叠角度类似于 FN SCAR 突击步枪。

以站姿操作 FX-05 突击步枪的士兵

FX-05 突击步枪的机匣是嵌钢架的聚合物和碳纤维组成（G36 的机匣就是嵌有钢架的聚合物），内部机构采用耐腐蚀的不锈钢。护木配有皮卡汀尼导轨，以便安装的激光指示器、战术灯、前握把等附件，也可以下挂 AG36 榴弹发射器。步枪机匣顶部附带瞄具导轨，可安装红点瞄准镜、望远瞄准镜及机械瞄具，也可安装 1 个整体式的光学瞄具（装上之后其实与 G36 很相似）。

▮▮▮▮▷ 性能解析

FX-05 突击步枪采用可折叠式的机械瞄具、红点镜和激光瞄准器系统，可伸缩及折叠枪托，以及冷锻碳钢枪管。该枪有三种射击模式，包括半自动、三点发和全自动，使用弹药为 5.56×45 毫米北约标准子弹或是 6.8×43 毫米 SPC 步枪弹。

武器展上的 FX-05 突击步枪

该款步枪还是世界少有的使用多边形膛线的突击步枪，这种线膛消除了正常膛线的凹膛，取而代之的是一种如平滑的斜坡和凹处的膛线。虽然这种膛线制造更难，价格更加昂贵，但好处也显而易见——枪管寿命更长，而且更加准确。

趣闻逸事

有传闻指墨西哥政府原本打算仿制 HK G36 突击步枪，墨西哥人也早已测试过 G36，而且墨西哥已经长期特许仿制 HK 公司的早期产品（如 P7M13 手枪、G3 步枪、MP5 冲锋枪和 HK21 机枪等），但最终没有与 HK 公司达成在墨西哥建立 G36 生产线的许可协议。于是墨西哥便改变了 G36 的外形而设计出自己的新步枪，即 FX-05 突击步枪。

HK G36 突击步枪

　　HK G36 是德国 HK 公司在 1995 年推出的现代化突击步枪，是德国联邦国防军自 1995 年以来的制式步枪。

排名依据

　　HK G36 突击步枪大量使用高强度塑料，重量较轻、结构合理、操作方便，模块化设计大大提高了它的战术性能。一经推出便被德国军队采用为制式武器使用至今。

HK G36 突击步枪剖面图

研发历程

　　20 世纪 90 年代，在世界上主要国家特别是北约组织的军队都已使用 5.56 毫米口径步枪的情况下，德国联邦国防军也提出了新的制式步枪计划，以替换 7.62 毫米 HK G3 突击步枪。经过评选，HK 公司的 HK50 最终胜出，军用代号被设为 Gewehr 36（36 号步枪），简称 G36。该枪在 1995 年被采用，1997 年成为德军制式步枪。

装备 HK G36 突击步枪的拉脱维亚士兵

左侧视角

总体设计

HK G36 突击步枪使用导气式回旋转枪机。整体设计采用传统布局，枪管下方有活塞筒、手枪握把、弹匣和管状可折叠枪托。抬高的瞄准具座位于机匣后方，可安装 3 倍光学瞄准镜，整体式提把贯穿瞄准镜座和机匣前端。瞄准线设计的照门瞄准孔，拉机柄位于提把下方，必要时可帮助枪机闭锁。

HK G36 突击步枪及其他德国国防军士兵的个人装备

▶ 性能解析

　　HK G36 突击步枪大量使用高强度塑料，重量较轻、结构合理、操作方便，模块化设计大大提高了它的战术性能。其模块化优势体现在，只用一个机匣，变换枪管、前护木就能组合成 MG36 轻机枪、G36C 短突击步枪、G36E 出口型、G36K 特种部队型和 G36 标准型等多种不同用途的突击步枪。

枪托折叠的 HK G36 突击步枪

　　由于 HK G36 突击步枪的射击活动部件大都在机匣内，多种枪型使用同一机匣，步枪的零配件大为简少。在战场上，轻机枪的枪机打坏了，换上短突击步枪的枪机就可以使用。

趣闻逸事

　　HK G36 突击步枪于 1995 年才开始列装，属于第三代突击步枪。其名声远不及 M16、AK-47 等突击步枪，但其绝妙的构思，看似常规却又处处透出的非常规之举，以及优良的战技术性能，使其公开亮相不久，便引起世界枪坛的广泛关注，并在短短数年就跻身世界小口径名枪之列。

FAMAS 突击步枪

　　FAMAS 是由枪械设计师保罗·泰尔设计的一款无托突击步枪，是法国军队及警队的制式武器之一。

排名依据

　　FAMAS 突击步枪采用无托式设计，具有短小精悍的特点。FAMAS 突击步枪参与了"沙漠风暴"等行动，法国士兵认为 FAMAS 突击步枪在战场上十分可靠，不论近距离的突发冲突还是中远距离的点射都有着良好的表现。

研发历程

　　FAMAS 突击步枪由法国轻武器专家保罗·泰尔于 1967 年开始研制，法国研制该枪的指导思想是既能取代 MAT49 式 9 毫米冲锋枪和 MAS 49/56 式 7.5 毫米步枪，又能取代一部分轻机枪。该枪在 1971 年推出原型，1978 年成为法军制式突击步枪。除法国军队外，加蓬、吉布提、黎巴嫩、塞内加尔、阿联酋等国的军队也有装备 FAMAS 突击步枪。

FAMAS 突击步枪拆解图

法国士兵特写

||||> 总体设计

　　FAMAS 突击步枪采用无托式设计，具有短小精悍的特点，弹匣置于扳机的后方，机匣上覆盖有塑料。该枪有全自动、单发及安全三种保险模式，选择钮在弹匣后方。此外，还有一些 FAMAS 加入了三发点射模式。所有的 FAMAS 突击步枪都配有两脚架，以提高射击精度。握把中还可以存放装润滑液的塑料瓶，可通过握把底部的活门放入或拿出。

　　FAMAS 突击步枪的外形非常有特色，自带的两脚架，长长的整体式瞄具提把，枪机置于枪托内，抛壳方向可以左右两边变换。该枪无须安装附件即可发射枪榴弹，包括反坦克弹、人员杀伤弹、反器材弹、烟幕弹或催泪弹。

||||> 性能解析

　　不管是在近距离的突发冲突还是中远距离的点射，FAMAS 突击步枪都有着优良的表现。该枪有单发、三点发射和连发三种射击方式，射速较快，弹道非常集中。

FAMAS 突击步枪的延迟后坐系统采用由两部分组成的枪栓，为避免抛壳困难，枪膛内开了一个槽，因此通过纵向痕迹很容易辨别该枪发射的子弹。该枪操控性好，射击准确，还可下挂榴弹发射器，尽管所有的 5.56 毫米子弹都可用于该枪，但仅当使用法国制式子弹才能获得最佳性能。

FAMAS 突击步枪发射枪榴弹

趣闻逸事

在游戏《决胜时刻：黑色行动》中，FAMAS 突击步枪型号为 FAMAS FELIN，奇怪地出现在了 20 世纪 60 年代，并为苏联军队和美国中央情报局特别活动分部所使用。在联机模式时于 14 级时解锁。能够使用榴弹发射器、延长弹匣（45 发）、火焰喷射器、下挂式霰弹枪、全息瞄准镜等。

7 TOP AUG 突击步枪

AUG 突击步枪是由奥地利斯泰尔·曼利夏公司于 1977 年推出的军用自动步枪，它是历史上首次正式列装、实际采用犊牛式设计的军用步枪。

排名依据

　　AUG 突击步枪是世界上首次正式列装、采用犊牛式设计的军用步枪。其集无枪托、塑料枪身、视频监视系统、模块化四大优点于一身，并具有耐腐蚀、使用寿命长等特点。

研发历程

　　AUG 突击步枪于 20 世纪 60 年代后期开始研制，其目的是为了替换当时奥地利军方采用的 Stg.58 自动步枪（FN FAL）。原计划发展步枪、卡宾枪和轻机枪这三种枪型，后来又增加了冲锋枪。1977 年正式被奥地利陆军采用（命名为 Stg.77），1978 年开始批量生产。除奥地利外，AUG 突击步枪还被多个国家的军警用户所采用，包括英国、美国、阿根廷、澳大利亚、新西兰、沙特阿拉伯。

AUG 突击步枪拆解图

手持 AUG 突击步枪的奥地利士兵

左侧视角

AUG 突击步枪进行试射

总体设计

　　AUG 突击步枪采用无托结构，整枪长度在不影响弹道的表现下比常规机械缩短了约 25%，并在大多数枪型上装配了 1.5 倍光学瞄准镜。该枪的弹匣为半透明式，以方便射手快速检视弹匣内的子弹存量。

　　AUG 突击步枪的控制系统可左右对换，扳机同时控制射击模式。此外，该枪还是 20 世纪七八十年代中少数拥有模块设计的突击步枪，其枪管能快速拆卸，并可与枪族中的长管、短管、重管互换使用。

展览中的 AUG 突击步枪

性能解析

　　AUG 突击步枪集无枪托、塑料枪身、视频监视系统、模块化四大优点于一身，并具有耐腐蚀、使用寿命长等特点。其配备有高倍瞄准镜，模块化的部件设计也十分方便拆卸。

　　AUG 突击步枪的缺点主要包括其瞄准镜和握把太小，近身搏击时容易折断。同时 AUG 突击步枪的结构比较复杂，活塞与前握把离得很近，容易灼伤握持前握把的手。AUG 突击步枪的扳机力偏大，光学瞄具视场小，必须达到镜轴与眼轴重合的要求才能进行准确瞄准。

装有战术附件的 AUG 突击步枪

趣 闻 逸 事

在游戏《穿越火线》中，AUG 突击步枪是一款性能优良的单兵武器，其最大特点是装有瞄准镜，非常适合在中远距离上的点射，而且总体性能相当稳定。

在游戏《反恐精英》中，AUG 突击步枪是 CT 专用的武器，其弹容量为 30 发，弹匣更换时间 3.39 秒，射速 8.47 发 / 秒（正常模式），6.35 发 / 秒（狙击模式）。

HK 416 突击步枪

HK416 是 HK 公司结合 HK G36 突击步枪和 M4 卡宾枪的优点设计出的一款突击步枪。

排名依据
HK416 突击步枪由原美国"三角洲"特种部队队员主持设计，从特种部队的特点对 HK416 突击步枪进行改进设计，该枪结合了 HK G36 突击步枪和 M4 卡宾枪的优点，枪管寿命超过 2 万发。

研发历程

HK416 突击步枪项目负责人为美国三角洲特种部队退伍军人拉利·维克斯，该项目原本称为 HKM4，但因柯尔特公司拥有 M4 系列卡宾枪的商标专利，所以 HK 公司将其改称为 HK 416。由于 HK416 突击步枪沿用了很多 M16 枪系结构，且外形也与之相似，所以对惯用 M16 枪系的人来说很容易上手。该枪有多种衍生型号，包括 HK417、MR223、MR556、HK416C 和 HK M27 IAR 等。

左侧视角

右侧视角

挪威士兵使用 HK416 突击步枪

总体设计

　　HK416 突击步枪采用了同 HKG36 突击步枪一样的短冲程活塞传动式系统，枪管由冷锻碳钢制成，拥有很长的寿命。该枪的机匣及护木设有 5 条战术导轨以安装附件，采用自由浮动式前护木，整个前护木可完全拆下，改善全枪重量分布。

装备 HK416 突击步枪的特战队员

　　HK416 突击步枪的枪托底部设有降低后坐力的缓冲塑料垫，机匣内有泵动活塞缓冲装置，有效减少了后坐力和污垢对枪机运动的影响，从而提高武器的可靠性。另外，它设有备用的新型金属照门。HK416 突击步枪还配有只能发射空包弹的适配器，以杜绝误装实弹而引发的安全事故。

性能解析

　　为全面提高武器在恶劣条件下的可靠性、全枪寿命以及安全性，HK416 的枪管采用了冷锻成型工艺。优质的钢材以及先进的加工工艺，使得 HK416 的枪管寿命超过 2 万发。此外，HK 公司还新研制了可靠性更高的弹匣以及后坐缓冲装置，使该枪的可靠性和精度获得大幅提升。

左侧视角

M16 系列铝质弹匣的可靠性在恶劣环境下一直都受到质疑，如抱弹口变形、弹匣脱落等故障。HK 公司针对这些问题专门推出了新型 30 发钢质弹匣。新弹匣采用优质钢材，加工工艺性好，弹匣表面做了亚光处理，托弹簧也做了强化处理，托弹板以及进弹口的公差尺寸控制精确。

趣闻逸事

　　电子游戏《反恐精英 Online》中的 HK416 突击步枪能够加装消音器，可以视为 M4A1 的翻版。游戏中只有军衔达到 54 级（一级少将）的玩家才有权购买并使用该武器，且在经济模式中只有 CT 阵营的玩家可以购买。另外还有以 HK416 突击步枪为蓝本进行特殊改进的双面神系列武器的幻影 Janus-5。

FN F2000 突击步枪

FN F2000 是 FN 公司研制的突击步枪，目前已被不少国家的特种部队采用。

排名依据
FN F2000 突击步枪采用模块化设计，其平衡性良好，并且十分便于携带、握持和使用。目前已被许多国家的特种部队采用。

研发历程

FN F2000 突击步枪的研制始于 1995 年，当时 FN 公司着手研制一种新的武器系统，考虑到未来特种作战的需要，公司将模块化思想从始至终地贯穿到这个新产品的开发过程中。

为满足士兵在战场环境中很容易更换部件来适应不同情况的需求，该枪可以非常方便地更换各个模块，而且还为未来可能出现的新型部件留下了接口位置。FN F2000 突击步枪的首次亮相是在 2001 年 3 月的阿拉伯联合酋长国阿布扎比举行的 IDEX 展览会上。

斯洛维尼亚士兵在使用 FN F2000 突击步枪

左侧视图

装有消音器的 FN F2000 突击步枪

总体设计

　　FN F2000 是一款犊牛式突击步枪，其全长只有 688 毫米，但其枪管长达 400 毫米，并预设 1.6 倍瞄准镜，若加装专用的榴弹发射器时可换装具有测距和计算弹着点的火控系统。

　　FN F2000 突击步枪全枪大量使用塑料，因此比 FAMAS、AUG 等突击步枪更轻。FN F2000 突击步枪另一种独特设计是采用 P90 的混合式发射模式选择钮以及前置抛壳口，由一段经机匣内部、枪管上方的弹壳槽导引至枪口上方抛壳口并向右自然排出，解决了左手射击时弹壳抛向射手面部及气体灼伤的问题。

F2000 突击步枪及其弹匣

性能解析

FN F2000 突击步枪在成本、工艺性及人体工学等方面苦下功夫，不但很好地保证了质量，而且平衡性也很优秀，非常便于携带、握持和使用，同样也适于左撇子使用。

FN F2000 突击步枪的附件包括可折叠的两脚架及可选用的装手枪口上的刺刀卡榫，而且还可根据实际需求而在皮卡汀尼导轨上安装夜视瞄具。此外，FN F2000 突击步枪还可配用未来的低杀伤性系统。该枪发射 5.56×45 毫米 NATO 子弹及对应 STANAG 弹匣，射击时首发弹壳会留在弹壳槽内，直至射击至第三、第四发后首发弹壳才会排出。

趣 闻 逸 事

游戏《使命召唤：现代战争 2》中出现了 FN F2000 突击步枪，其能够装上 M203 榴弹发射器。在故事模式中被俄罗斯联邦安全局、俄罗斯内卫部队特种部队和极端民族主义武装力量所使用。联机模式于等级 60 级时解锁，并可使用榴弹发射器、下挂式霰弹枪、全息瞄准镜、消音器及加长弹匣（45 发）。

TOP 4 FN SCAR 突击步枪

SCAR 是 SOF Combat Assault Rifle（特种部队战斗突击步枪）的简称，于 2007 年 7 月开始小批量生产，并有限配发给军队使用。

排名依据

　　FN SCAR 突击步枪是 FN 公司专为美军特战司令部的 SCAR 项目而设计的现代化单兵武器，其设计参数均以特种部队的需求为标准，成功通过美军测试后，已于 2007 年开始配发给军队使用。

研发历程

　　FN SCAR 突击步枪是 FN 公司为了满足美军特战司令部的 SCAR 项目而制造的现代化突击步枪，由 FN 公司美国南加州哥伦比亚厂制造。2004 年 11 月，特种作战司令部正式宣布 SCAR 突击步枪在 SCAR 项目竞争中胜出，并给出第二批 SCAR 样枪的生产合同。2007 年 9 ～ 11 月，美国陆军于亚伯丁测试场对 SCAR 突击步枪进行了一项沙尘测试。2008 年，FN 公司宣布半自动板型的 FN SCAR 突击步枪将有可能向美国民间市场开放销售。

SCAR 突击步枪及其弹匣

用作狙击步枪用途的 SCAR　　　　　手持 SCAR 突击步枪的士兵

总体设计

　　FN SCAR 突击步枪的特征为从头到尾不间断的战术导轨在铝质外壳的正上方排开，两个可拆式导轨在侧面，下方还可挂任何 MIL-STD-1913 标准的相容配件，握把部分和 M16 用的握把可互换，弹匣和弹匣释放钮都和 M16 相同，前准星可以拆下，不会挡到瞄准镜或光学瞄准器。SCAR 因为采用了模块化设计，所以可以在两种口径之间变换，每种又能改装成远战和近战模式。

美军士兵使用 SCAR 突击步枪射击

　　FN SCAR 突击步枪的机匣由上下两个部分组成，用两个十字销连接在一起，其中上机匣采用铝冲压制成，下机匣则主要采用聚合物材料制成。SCAR 枪族有两种版本，即轻型版（SCAR-L）和重型版（SCAR-H）。两个版本的上机匣基本相同，只是抛壳窗的尺寸有些差别。其他不同之处主要包括与口径不同有关的枪机设计、枪管、与弹匣一体的下机匣以及弹匣等。

▌▌▌▶ 性能解析

　　FN SCAR 突击步枪的两种版本：轻型（Light，SCAR-L，Mk 16 Mod 0）和重型（Heavy，SCAR-H，Mk 17 Mod 0）。L 型采用 5.56×45 毫米北约弹药，使用类似于 M16 的弹匣，只不过是钢材制造，虽然比 M16 的塑料弹匣更重，但是强度更高，可靠性也更好。

装有激光指示灯的 SCAR 突击步枪

H 型发射威力更大的 7.62×51 毫米北约弹药，使用 FN FAL 突击步枪的 20 发弹匣，不同枪管长度可以用于不同的模式。

SCAR 突击步枪在电影《盗梦空间》中型号为 SCAR-L，沙色枪身，装有 ACOG 光学瞄准镜，被亚瑟在梦境中使用。电影《浴血任务 2》中，型号为 SCAR-H，黑色枪身，装有 EO-TECH 全系瞄准镜，被桑族武装分子所使用。

M4 突击步枪

M4 突击步枪（也称为 M4 卡宾枪）是 M16 突击步枪的缩短版本，被世界各国的军队及警察广泛采用。

排名依据

M4 突击步枪是 M16 突击步枪的缩短版本，在继承 M16 的各项优点之外，M4 更轻巧便于携带，目前被世界各国的军警部门广泛采用。

研发历程

美国海军陆战队在 1982 年开始采用 M16A2 突击步枪和 M855 弹药来取代老旧的 M16A1 突击步枪和 M193 弹药，随后便有人根据新采用的弹药提出室内近身作战武器需求的 XM4 计划。

装有两脚架的 M4 突击步枪

　　柯尔特公司将 M16A2 突击步枪的改良成果应用到 M653 卡宾枪上，并将枪管缩短至 368.3 毫米，采用伸缩枪托和 M16A2 的鸟笼式防火帽，使用三发点射以取代全自动射击。这款新型卡宾枪在柯尔特公司的产品编号为 Model 720，后来则被称为 XM4。

　　1991 年 3 月，XM4 经过进一步测试和改良之后，正式定型命名为 M4 卡宾枪，并于 1994 年开始列装。

▌▌▌▶ 总体设计

　　M4 突击步枪与 M16 突击步枪一样，都是采用导气、气冷、转动式枪机设计，以弹匣供弹并能选择射击模式。M4 突击步枪的长度比 M16 突击步枪短，重量也较轻，可以让使用者在近战时快速瞄准目标，两者有 80% 的零部件可以通用。

下挂 XM320 榴弹发射器的 M4 突击步枪

　　美军最初版本的 M4 突击步枪只有单发和三发点射模式，其后的 M4A1 以单发和全自动模式取代了三发点射模式，M4 与 M4A1 均使用 5.56 毫米子弹，而且仍采用 M16 突击步枪特有的气体直推传动方式。

▌▌▌▷ 性能解析

　　M4 突击步枪的枪托为滑动伸缩式枪托，枪托拉出时，可采用抵肩姿势射击，枪托缩回去时，则可放至腰间射击。M4 突击步枪的背带不同于 M16A2 突击步枪的背带连接在枪身下方，而是连接在武器的一侧，如此一来士兵在持枪巡逻时可随时准备射击。

M4 突击步枪及其配件

　　M4 突击步枪有两种瞄准具可以配套使用，一种是光学瞄准具，主要用来替代目前 M16A2 突击步枪上所使用的机械瞄准具，这种瞄准具主要在白天使用，瞄准时可以看到一个红点，这个红点的位置就是子弹将会击中的位置。M4 另一个瞄准具就是轻型热成像瞄准具，利用目标的热影像来确定目标位置。

趣闻逸事

在电影《狙击生死线》中，装上 AN/PVS-14 夜视瞄准镜的 M4A1 突击步枪被多名特种武器和战术部队人员以及雇佣兵使用，也被鲍勃·李·斯瓦格所缴获使用。装上 AN/PVS-14 且下挂了榴弹发射器的 M4A1 突击步枪在故事开头被斯瓦格的队友东尼·芬恩使用。

主要缺点

M4 突击步枪有以下缺点：杀伤力偏弱，对硬目标穿透力低；射程偏短，这是采用 5.56 毫米北约标准弹药的枪械的通病，而 M4 突击步枪采用短枪管，问题更加明显；枪身内容易积碳，需要经常擦拭保养；标配型枪管较薄，连续射击 200 发以上时枪管容易过热变形，大大降低精度，火力持续性偏弱。

拆解后的 M4 卡宾枪

装备 M4 卡宾枪的美国陆军特种兵

装备 M4A1 卡宾枪的美国陆军士兵

衍生型号

名 称	说 明
M4A1	改进型，可全自动射击，主要用作特种作战用途，也是最常见的版本
M4 MWS	模组化武器系统，曾称作 M4E2
CQBR	由美军更换上机匣和短枪管改装而成的近战步枪
Bushmaster M4	由美国大毒蛇武器公司生产的 M4，价格较便宜

（续表）

名　　称	说　　明
LWRC M6	由美国 LWRC 公司生产的 M4 衍生型，已获英国特种空勤团采用
SR-556	由美国卢格·斯特姆生产的型号
LA-16	捷克生产的型号
T-14	土耳其仿制的型号

主要用户

国　　家	单　　位
美国	美国军队、特种作战司令部、联邦调查局、中央情报局、法警局、边境巡逻队等
法国	法国陆军特种部队、法国海军特种部队、法国国家宪兵特勤队
巴西	巴西陆军特种部队、巴西海军特种部队、巴西联邦警察、里约热内卢州军事警察
以色列	以色列国防军、以色列国境警察特勤队
日本	日本陆上自卫队特殊作战群、海上自卫队特别警备队
土耳其	土耳其军队特种部队、特警
韩国	韩国海洋警察厅特别攻击队
新加坡	新加坡军队特攻部队、新加坡警察部队特殊战术与救援部队
新西兰	新西兰特种空勤团、新西兰警察
墨西哥	墨西哥军队、墨西哥联邦警察
马来西亚	马来西亚军队、马来西亚警察
希腊	希腊军队特种部队、希腊警察特别反恐单位
印度	印度军队特种部队
阿富汗	阿富汗军队、内务部、国家安全局

使用 M4 卡宾枪的美国海军陆战队特种兵

美国陆军特种兵使用 M4 卡宾枪

手持 M4 卡宾枪的美国海军陆战队陆战特种兵

M16 突击步枪

M16 突击步枪是由阿玛莱特 AR-15 发展而来的，现由柯尔特公司生产。它是世界上最优秀的步枪之一，也是同口径中生产数量最多的枪械，自 20 世纪 60 年代以来一直是美国陆军的主要步兵武器。

排名依据

M16 突击步枪是世界上最优秀的突击步枪之一，其长期作为美军制式武器，随着美军参加过多次大大小小的战斗，其可靠性与性能经受住了战场严苛环境的考验。

研发历程

1957 年，美军在装备 M14 自动步枪后不久就正式提出设计新枪。阿玛莱特公司将 7.62 毫米 AR-10 步枪改进为 5.56 毫米口径 AR-15 步枪，从竞标中胜出。

以卧姿操作 M16 突击步枪的士兵

右侧视图

随后，AR-15 步枪经过了一系列改进，并将生产权卖给了柯尔特公司。1964 年，美国空军正式装备该枪并将其命名为 M16 突击步枪。不久，阿玛莱特公司又根据实战经验改进出了 M16A1，并被美国陆军采用。此后，又诞生了 M16A2、M16A3、M16A4 等改进型号，M16 突击步枪逐渐成为成熟可靠、使用广泛的经典步枪。

总体设计

M16 突击步枪的枪管、枪栓和机框为钢质，机匣为铝合金，护木、握把和后托则是塑料。该枪采用导气管式工作原理，但与一般导气式步枪不同，它没有活塞组件和气体调节器，而采用了导气管。枪管中的高压气体从导气孔通过导气管直接推动机框，而不是进入独立活塞室驱动活塞。高压气体直接进入枪栓后方机框里的一个气室，再受到枪机上的密封圈阻止，因此急剧膨胀的气体便推动机框向后运动。机框走完自由行程后，其上的开锁螺旋面与枪机闭锁导柱相互作用，使枪机右旋开锁，而后机框带动枪机一起继续向后运动。

美军士兵以站姿操作 M16 突击步枪

M16 突击步枪及其弹药

性能解析

M16 突击步枪使用直接推动机框的直接导推式原理，枪管中的高压气体从导气孔通过导气管直接推动机框，而不是进入独立活塞室驱动活塞。高压气体直接进入枪栓后方机框里的一个内室，将机框带动枪机后退。这使得单独的活塞室和活塞不再必要，从而减少了移动部件的数量。在快速射击中这也通过保持往返运动的部件与枪膛在同一直线上而提供更好的性能。

直接导推式的气动方式的主要问题在于火药燃烧后剩下的污物和残渣会直接吹到后膛里。当过热的燃烧集气体沿着管壁向下流动的时候它会膨胀，然而冷却不像气溶胶那样能够在降压的时候冷却。该冷却使得已经气化的物质冷凝，并因此使一个体积大得多的固体凝固在枪击的活动部件上。反过来，导气活塞的工作在极短的时间内使用高压气体并使它们远离后膛。因此比起使用导气活塞的枪支来说，M16 突击步枪需要更频繁的清洁和润滑来保持稳定工作。

装有消声器的 M16 突击步枪

趣闻逸事

M16 突击步枪全面配发到部队后的首次战斗是在 1965 年 11 月越南德浪河谷的战斗中，而且表现得相当好。当时的哈罗德·G. 摩尔中校在报告中写道：这次胜利是由"勇敢的士兵和 M16 带来的"。

哈罗德·G. 摩尔与当时的随军记者约瑟夫·L. 盖洛威合写了一本关于德浪河谷战斗的回忆录，书名为《我们曾经是年轻的士兵》，该书在 2002 年被拍摄成电影《我们曾经是士兵》。

配用弹药

M16 突击步枪采用 5.56×45 毫米北约标准步枪弹。该子弹是北约成员国 1970 年以后的标准用弹，采用黄铜弹壳、铜质被覆、铅心。该弹药专为步枪和机枪设计，广泛使用于包括 M16 突击步枪与 M249 轻机枪在内的许多美国与北约系统的枪械。5.56×45 毫米北约标准步枪弹由民用 .223 雷明顿步枪弹提高膛压演变而来，两者尺寸几乎完全相同，不过 5.56×45 毫米北约标准步枪弹因为高膛压必须使用管壁较厚的枪管。军用枪械若使用 .223 雷明顿步枪弹会因膛压过低，影响弹道表现，须重新归零，有效距离也显著缩短。

5.56×45 毫米北约标准步枪弹的弹头为尖头、锥底、淬硬钢弹芯、铜被甲弹头，无凸缘式瓶形弹壳，伯丹式底火，装药为双基扁球药。该弹药有效距离在 300 米左右，超过 300 米以后弹道显著下沉，在有效距离以内的弹道非常平直，精度非常好。

美国海军陆战队士兵使用 M16 突击步枪进行射击训练

M16 突击步枪开火瞬间

衍生型号

名　　称	说　　明
Mk 4 Mod 0	为美国海军"海豹"突击队生产的 M16A1 改型，1970 年 4 月服役
M16A2	为原本的 M16 增加了重量和复杂度，取消了全自动模式
M16A3	M16A2 的全自动改型，数量不多，主要用于美国海军
M90A3	M16A3 的全自动改型，主要用于城市近距离突击，现为以色列特种突击队使用
M16A4	将枪械与火控系统分别进行模块化设计，现作为美国海军陆战队的前线标准装备及部分美国陆军前线装备
M4	卡宾枪改进型，获世界各国的军队及警察采用

装备 M16A2 突击步枪的美国陆军士兵　　使用 M16A4 突击步枪的美国海军陆战队士兵

主要用户

国　　家	单　　位
美国	美国陆军、美国海军、美国海军陆战队
英国	英国陆军、英国海军陆战队
西班牙	西班牙海军特别行动组
以色列	以色列国防军
澳大利亚	澳大利亚国防军
土耳其	土耳其陆军
菲律宾	菲律宾军队、菲律宾国家警察
挪威	挪威陆军突击部队司令部
阿富汗	阿富汗国民军
阿根廷	阿根廷军队
法国	法国陆军特种部队、法国外籍兵团
希腊	希腊陆军、希腊海军
马来西亚	马来西亚军队、马来西亚警察

美国陆军特种兵试射 M16 突击步枪　　装备 M16 突击步枪的美国陆军特种兵

美国陆军特种部队使用 M16 突击步枪

AK-47 突击步枪

AK-47 突击步枪是由苏联著名枪械设计师米哈伊尔·季莫费耶维奇·卡拉什尼科夫设计的，20世纪50～80年代一直是苏联军队的制式装备。该枪是世界上最著名的步枪，制造数量和使用范围极为惊人。

排名依据

AK-47 突击步枪作为世界突击步枪的成功典范，其制造数量和使用范围都达到了极其惊人的程度。AK-47 突击步枪结构可靠，性能优秀，其身影几乎遍布全世界各个战场上，其达成的成就至今无人能够企及。

研发历程

1941 年苏德战争爆发后，卡拉什尼科夫在一次战斗中，由于所乘坦克被德军炮火击中，身负重伤的他被送到后方的陆军医院抢救。在医院中和战友们的谈话激发了他设计全新自动步枪的念头，之后几经周折终于促成了 AK-47 突击步枪的诞生。该枪在 1947 年定为苏联军队制式装备，1949 年最终定型并投入批量生产。

下挂 GP-25 榴弹发射器的 AK-47 突击步枪

卡拉什尼科夫和 AK-47 突击步枪

▐▐▐▐ ★ ▷ 总体设计

AK-47 枪身短小、射程较短,适合较近距离的战斗。该枪采用气动式自动原理,导气管位于枪管上方,通过活塞推动回转式闭锁枪机运作。

AK-47 使用 7.62×39 毫米中间型威力子弹,其弹匣容量为 30 发,保险装置 / 快慢机柄位于机匣右侧,可以选择半自动或全自动的发射方式,拉机柄位于机匣右侧。

AK-47 突击步枪结构示意图

▐▐▐▐ ★ ▷ 性能解析

与二战时期的步枪相比,AK-47 突击步枪的枪机运行可靠,即使在连续射击时或有灰尘等异物进入枪内时,它的机械结构仍能保证它继续工作。

在沙漠、热带雨林、严寒等极度恶劣的环境下,AK-47 突击步枪仍能保持相当好的效能。此外,该枪结构简单,易于分解、清洁和维修。

AK-47 突击步枪的主要缺点是全自动射击时枪口上扬严重,枪机框后坐时会撞击机匣底部,枪机抛壳口的设计令其难以安装皮卡汀尼导轨,机匣盖的设计导致其具有瞄准基线较短,瞄准具设计不理想等缺陷,大大影响射击精度,300 米外难以准确设计,连发射击精度更低。

趣闻逸事

　　由于 AK-47 突击步枪甚至 AK 系列步枪在各地市场（包括黑市）价格便宜，因此经常成为不法分子用于犯罪的武器。20 世纪 80 年代，美国毒品贩子就经常使用 AK 系列步枪，在虚构的影视剧情节中也经常出现。对公众造成不良的心理影响，导致美国在 1989 年立法禁止进口 AK 系列步枪。但至今仍有由多个国家生产的半自动民用型 AK 步枪可以在美国境内合法购买到。

配用弹药

　　AK-47 突击步枪配用 7.62×39 毫米 1943 式中间型子弹，又称 7.62 毫米卡拉什尼科夫子弹。在二战中，苏联对比德军使用的 7.92×33 毫米子弹，感到苏军当时使用的 7.62×54 毫米子弹及其配用的图卡列夫半自动步枪和捷格加廖夫轻机枪等太重，威力虽大，但机动性差，因而于 1943 年研制出 7.62×39 毫米中间型威力子弹，其威力介于大威力的步枪弹和大威力的手枪弹之间，由此得名。1945 年苏军正式装备该子弹，配用于西蒙诺夫半自动步枪，随后配用于 AK-47 突击步枪。至此，该子弹成为苏军在二战后的制式步枪弹。

　　1943 式中间型威力子弹采用尖头、锥底、钢弹芯、覆铜钢被甲弹头，无凸缘式瓶形弹壳，伯丹式底火，硝化棉发射药。有些国家生产的枪弹则采用尖头、平底、铅心结构。除上述普通弹外，还有曳光弹、穿甲燃烧弹和燃烧曳光弹等。

AK-47 突击步枪的机械瞄具

AK-47 突击步枪的 7.62×39 毫米弹药

衍生型号

名　称	说　明
AKS-47	AK-47 的金属折叠枪托版本，也被称为 AK-47S
AKM	1959 年投产的改进型号，在一定程度上改善了 AK-47 的缺点，故障率更低
AKMS	装有金属折叠枪托的 AKM 改进型，主要装备当时的伞兵部队、坦克兵和特种部队使用
AKMSU	装有金属折叠枪托的 AKMS 短枪管型，产量极少，主要装备当时的特种部队使用
AK-74	5.45×39 毫米小口径改进型，是苏联装备的第一种小口径步枪
AKS-74U	卡宾枪，AK-74 的大幅度缩短型
PP-19	由 AKS-74U 发展而来的冲锋枪，改为发射手枪子弹，内部构造和外观上改动较大
RPK	在 AKM 突击步枪的基础上发展的班用轻机枪
AK-101/102	AK-74 的现代化版本，AK-102 为短枪管版本
AK-12	2010 年公开的最新型号，发射 5.45×39 毫米弹药

使用 AK-47 突击步枪的伊拉克联邦警察部队成员　　装备 AK-47 突击步枪的叙利亚士兵

主要用户

国　家	单　位
俄罗斯	俄罗斯军队
埃及	埃及军队

（续表）

国　　家	单　　位
克罗地亚	克罗地亚军队
古巴	古巴军队
亚美尼亚	亚美尼亚军队
阿塞拜疆	阿塞拜疆军队
保加利亚	保加利亚军队
埃塞俄比亚	埃塞俄比亚军队
希腊	希腊特别反恐部队
伊拉克	伊拉克军队
匈牙利	匈牙利军队
印度	印度特种部队单位
塔吉克斯坦	塔吉克斯坦军队
土耳其	土耳其特种部队单位
叙利亚	叙利亚军队

装备 AK-47 突击步枪的埃及士兵

使用 AK-47 突击步枪的阿富汗国家警察

Chapter 05
狙击步枪

　　狙击步枪是指在普通步枪中挑选或专门设计制造的，射击精度高、射击距离远、可靠性高的专用步枪。狙击步枪主要用于射击敌方的重要目标，如指挥人员、车辆驾驶员和机枪手等。狙击步枪的结构与普通步枪基本一致，区别在于狙击步枪多装有精确瞄准用的瞄准镜，其枪管经过特别加工，因此射击精度非常高。

 衍生型号、服役时间和生产厂商

TOP20　WA 2000 狙击步枪	
衍生型号	暂无
服役时间	1978 ～ 1988 年
生产厂商	卡尔·瓦尔特运动枪有限公司（Carl Walther GmbH Sportwaffen，或称为瓦尔特公司）是德国的一家武器生产商。于 1886 年成立至今拥有百年的历史

TOP19　SSG 3000 狙击步枪	
衍生型号	暂无
服役时间	1984 年至今
生产厂商	瑞士工业公司（SIG）是瑞士一家轻型武器制造公司，创立于 1853 年，总部设在诺豪森

TOP18　SVD 狙击步枪	
衍生型号	SVDS、SVU、SWD-M
服役时间	1963 年至今
生产厂商	伊兹玛什工厂（现为卡拉什尼科夫集团）是俄罗斯的一家武器制造工厂，总部位于萨拉普尔

TOP17　阿玛莱特 AR-50 狙击步枪	
衍生型号	AR-50A1、AR-30
服役时间	1999 年至今
生产厂商	阿玛莱特公司是美国一家轻武器制造商，其总部位于伊利诺伊州。阿玛莱特公司的商标于 1995 年被鹰武器公司购买

TOP16　SV-98 狙击步枪	
衍生型号	SV-98M-338、SV-98 改进版
服役时间	1998 年至今
生产厂商	伊兹玛什工厂（现为卡拉什尼科夫集团）是俄罗斯的一家武器制造工厂，总部位于萨拉普尔

TOP15　R93 战术型狙击步枪	
衍生型号	Blaser LRS 2、Blaser 战术型、Blaser 战术 2 型
服役时间	1993 年至今
生产厂商	德国布拉塞尔公司

TOP14　MSG90 狙击步枪	
衍生型号	MSG90A1、MSG90A2
服役时间	1990 年至今
生产厂商	黑克勒·科赫是德国的一家枪械制造公司，其总部位于巴登－符登堡州的内卡河畔奥伯恩多夫，在美国也有分部

TOP13　TPG-1 狙击步枪	
衍生型号	暂无
服役时间	2006 年至今
生产厂商	奥地利尤尼克阿尔卑斯公司

TOP12　巴雷特 M99 狙击步枪	
衍生型号	暂无
服役时间	1999 年至今
生产厂商	雷特枪械公司是美国一家制造枪械和弹药的公司。该公司由朗尼·巴雷特创立于 1982 年，总部位于田纳西州

TOP11　AW50 狙击步枪	
衍生型号	AW50F
服役时间	1997 年至今
生产厂商	精密国际是位于英国汉普郡朴次茅斯的一家枪械制造商,由英国射击运动员马尔柯姆·库帕于 1978 年建立,主要生产狙击步枪

TOP10　巴雷特 XM109 狙击步枪	
衍生型号	暂无
服役时间	2004 年至今
生产厂商	巴雷特枪械公司是美国一家制造枪械和弹药的公司。该公司由朗尼·巴雷特创立于 1982 年,总部位于田纳西州

TOP9　巴雷特 M98B 狙击步枪	
衍生型号	M98B 战术型
服役时间	2008 年至今
生产厂商	巴雷特枪械公司是美国一家制造枪械和弹药的公司。该公司由朗尼·巴雷特创立于 1982 年,总部位于田纳西州

TOP8　VSK-94 微声狙击步枪	
衍生型号	暂无
服役时间	1994 年至今
生产厂商	KBP 仪器设计局是苏联及俄罗斯以研制枪炮和反坦克导弹为主的武器设计局,创立于 1927 年

TOP7　奈特 M110 狙击步枪	
衍生型号	暂无
服役时间	2007 年至今
生产厂商	奈特军械公司是美国一家专门承包政府合同,生产和提供军用产品的武器制造商

TOP6　夏伊 CheyTac M200 狙击步枪	
衍生型号	M200 CIV、M200 RK
服役时间	2001 年至今
生产厂商	夏伊战术公司是美国一家轻武器制造公司

TOP5　雷明顿 MSR 狙击步枪	
衍生型号	CSR
服役时间	2013 年至今
生产厂商	雷明顿武器公司于 1816 年由伊莱弗利·雷明顿于美国纽约创立，是一家历史悠久的军事工业公司，目前已经研制并生产了大量枪械和弹药产品

TOP4　巴雷特 M107 狙击步枪	
衍生型号	暂无
服役时间	2005 年至今
生产厂商	巴雷特枪械公司是美国一家制造枪械和弹药的公司。该公司由朗尼·巴雷特创立于 1982 年，总部位于田纳西州

TOP3　麦克米兰 TAC-50 狙击步枪	
衍生型号	TAC-50 A1-R2、TAC-50A1、50Calsporter
服役时间	2000 年至今
生产厂商	麦克米兰公司是美国一家轻武器制造公司

TOP2　AW 狙击步枪	
衍生型号	AW、AW-P、AWP、AWS、AWM、AW50、AS50、AE
服役时间	1986 年至今
生产厂商	精密国际是位于英国汉普郡朴次茅斯的一家枪械制造商，由英国射击运动员马尔柯姆·库帕于 1978 年建立，主要生产狙击步枪

TOP1　巴雷特 M82 狙击步枪	
衍生型号	M82、M82A1、M82A1A、M82A1M、M82A2、M82A3、M107、M107A1、M107CQ
服役时间	1989 年至今
生产厂商	巴雷特枪械公司是美国一家制造枪械和弹药的公司。该公司由朗尼·巴雷特创立于 1982 年，总部位于田纳西州

◉ 武器尺寸

TOP20　WA 2000狙击步枪

口径 7.62 毫米

全长 905 毫米
枪管长 650 毫米

TOP19　SSG 3000狙击步枪

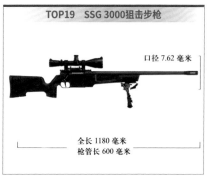

口径 7.62 毫米

全长 1180 毫米
枪管长 600 毫米

TOP18　SVD狙击步枪

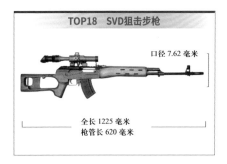

口径 7.62 毫米

全长 1225 毫米
枪管长 620 毫米

TOP17　阿玛莱特AR-50狙击步枪

口径 12.7 毫米

全长 1511 毫米
枪管长 787.4 毫米

TOP16　SV-98狙击步枪

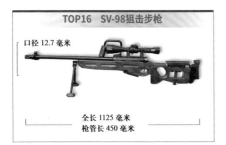

口径 12.7 毫米

全长 1125 毫米
枪管长 450 毫米

TOP15　R93战术型狙击步枪

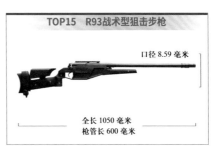

口径 8.59 毫米

全长 1050 毫米
枪管长 600 毫米

TOP14　MSG90狙击步枪

口径 7.62 毫米

全长 1165 毫米
枪管长 600 毫米

TOP13　TPG-1狙击步枪

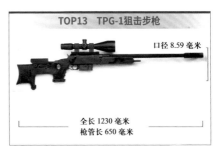

口径 8.59 毫米

全长 1230 毫米
枪管长 650 毫米

TOP12　巴雷特M99狙击步枪

口径 10.57/12.7 毫米

全长 1280 毫米
枪管长 813 毫米

TOP11　AW50狙击步枪

口径 12.7 毫米

全长 1420 毫米
枪管长 686 毫米

TOP10　巴雷特XM109狙击步枪

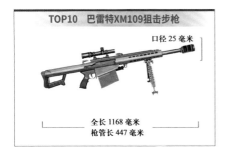

口径 25 毫米

全长 1168 毫米
枪管长 447 毫米

TOP9　巴雷特M98B狙击步枪

口径 8.59 毫米

全长 1264 毫米
枪管长 685.8 毫米

TOP8　VSK-94微声狙击步枪

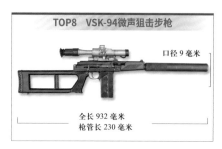

口径 9 毫米

全长 932 毫米
枪管长 230 毫米

TOP7　奈特M110狙击步枪

口径 7.62 毫米

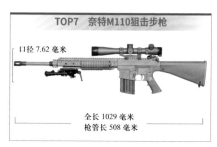

全长 1029 毫米
枪管长 508 毫米

TOP6　夏伊CheyTac M200狙击步枪

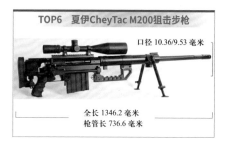

口径 10.36/9.53 毫米

全长 1346.2 毫米
枪管长 736.6 毫米

TOP5　雷明顿MSR狙击步枪

口径 7.62/8.59 毫米

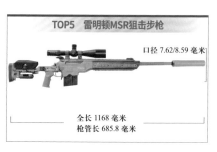

全长 1168 毫米
枪管长 685.8 毫米

TOP4　巴雷特M107狙击步枪

口径 12.7 毫米

全长 1448 毫米
枪管长 737 毫米

TOP3　麦克米兰TAC-50狙击步枪

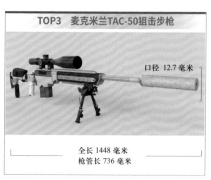

口径 12.7 毫米

全长 1448 毫米
枪管长 736 毫米

TOP2　AW狙击步枪

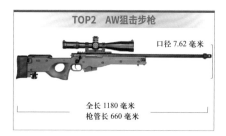

口径 7.62 毫米

全长 1180 毫米
枪管长 660 毫米

TOP1　巴雷特M82狙击步枪

口径 12.7 毫米

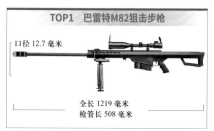

全长 1219 毫米
枪管长 508 毫米

基本作战性能数据对比

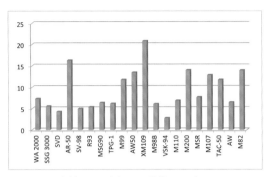

空枪重量对比图（单位：千克）

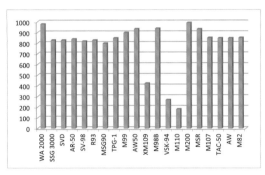

枪口初速对比图（电位：米 / 秒）

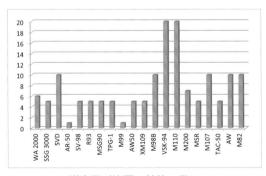

弹容量对比图（单位：发）

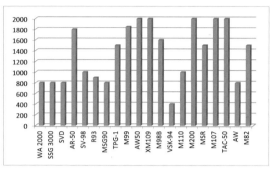

有效射程对比图（单位：米）

WA 2000 狙击步枪

WA 2000 高精度狙击步枪由卡尔·瓦尔特公司于 20 世纪 70 年代末至 80 年代初研制，1982 年首次亮相，之后被德国的特警部门少量采用，目前已停产。

排名依据

WA 2000 狙击步枪在设计之初就以高质量和高精度为首要目标，导致最终成品售价高昂。虽然目前已停产，但其极高的精度和优异性能仍是众多枪械爱好者眼中的珍品。

研发历程

WA 2000 狙击步枪的研制是完全以军队和特警部队狙击手的需要而设计。该枪共生产了两种型号，但没有独立的名称，所以人们一般把最早生产的 WA 2000 称为第一代，后来生产的型号称为第二代。WA 2000 狙击步枪性能优异，射击精度极高。不过由于 WA 2000 狙击步枪的设计和生产完全以高质量和高精度为首要目标，几乎不考虑制造成本，导致售价高昂（1988年时每支售价为 9000 ～ 12500 美元），最终仅被德国特警部门少量采用。由于无人问津，瓦尔特公司不得不在 1988 年 11 月停止生产 WA 2000 狙击步枪，而此前也仅仅生产了 160 余支。

拆掉两脚架的 WA 2000 狙击步枪

总体设计

WA 2000 狙击步枪没有机械瞄具，配备可快速安装拆卸的瞄准镜。通常配的是施密特 – 本德的 2.5 ～ 10 倍可变瞄准镜。在夜间使用时可安装 PV4 夜视瞄准镜。WA 2000 使用单排可拆卸盒形弹匣供弹，弹匣容量为 6 发。弹匣插在握把后面。该枪可以发射 .300 Winchester Magnum、7.62×51 毫米 NATO 和瑞士 7.5×55 毫米三种子弹。

性能解析

WA 2000 狙击步枪在设计时考虑要能对多个目标进行远距离打击的需要，因此并没有采用手动装填，而是采用半自动装填。一般半自动狙击步枪的射击精度会比手动狙击步枪要低一些，但由于 WA 2000 狙击步枪的生产质量极高，射击精度丝毫不逊于手动狙击步枪。

趣闻逸事

由于数量很少，目前 WA 2000 狙击步枪在美国市场的单支售价高达 80000 美元，即便如此，有些狙击步枪爱好者或比赛射手还是把这支可遇不可求的昂贵步枪视为"梦想步枪"。

SSG 3000 狙击步枪

SSG 3000 是瑞士工业（SIG）公司于 1984 年推出的一款 7.62 毫米狙击步枪，在欧洲及美国的执法机关和军队之中比较常见。

排名依据
SSG 3000 是以比赛型狙击步枪为蓝本设计而成的警用狙击步枪，性能优秀。SSG 3000 狙击步枪被欧洲及美国的执法机关和军队广泛采用，

研发历程

SSG 3000 是以 Sauer 2000 STR 比赛型狙击步枪为蓝本设计而成的警用狙击步枪，1997 年开始生产。SSG 是德语 Scharf Schutzen Gewehr 的简称，意为"精确射手步枪"。

SSG 3000 狙击步枪的主要使用国包括巴西、智利、哥伦比亚、捷克、印度、挪威、斯洛伐克、韩国、泰国、美国和英国等。

SSG 3000 狙击步枪及其配件

总体设计

SSG 3000 狙击步枪采用模块式设计，枪管和机匣为一个组件，而扳机组和弹仓为一个组件，主要零件可以快速转换。早期型 SSG 3000 采用的是木质枪托，其后改为麦克米兰黑色玻璃钢枪托，枪身两侧皆有开槽。SSG 3000 狙击步枪的枪托底板可调节高低、长短、偏移或倾斜，托腮板也可调节高低，整个系统都可以改为左撇子射手操作的系统。SSG 3000 狙击步枪没有机械瞄具，其制式瞄准具是亨索尔德（1.5~6）×42 毫米光学瞄准镜，但也可以换成北约标准瞄准镜座以安装其他光学瞄准镜。

SSG 3000 狙击步枪局部特写

性能解析

SSG 3000 狙击步枪的重枪管由碳钢冷锻而成，枪管外壁带有传统的散热凹槽，而枪口位置也带有圆形凹槽。SSG 3000 狙击步枪可在枪管上面连上一条长织带遮蔽在枪管上方，其作用是以防止枪管在阳光下曝晒下发热，上升的热气在瞄准镜前方产生虚像，妨碍射手进行精确瞄准。SSG 3000 狙击步枪的枪口装置具有制动及消焰功能，两道火扳机可以单/双动击发，其行程和扳机力可以调整。

> **趣闻逸事**
>
> SSG 3000 狙击步枪出现在改编自福克斯电视连续剧《24 小时》的游戏《反恐24 小时》中，并被命名为 PS-553。

SVD 狙击步枪

SVD 是由叶夫根尼·费奥多罗维奇·德拉贡诺夫设计的一款狙击步枪，是现代第一支为支援班排级狙击与长距离火力支援用途而专门制造的狙击步枪。

排名依据

SVD 狙击步枪是现代第一支作为支援班排级狙击与长距离火力支援用途而专门制造的狙击用步枪。SVD 狙击步枪在多次局部冲突中都有出现，其可靠性得到了多方认可。

研发历程

SVD 狙击步枪的研发可以追溯到 1958 年，当时苏联提出设计一种半自动狙击步枪的构想，要求提高射击精度，又必须保证武器能够在恶劣的环境条件下可靠地工作，而且必须简单轻巧紧凑。苏联军队在 1963 年选中了由叶夫根尼·费奥多罗维奇·德拉贡诺夫设计的半自动狙击步枪，用以代替莫辛–纳甘 M1891/30 狙击步枪。通过进一步的改进后，在 1967 年开始装备部队。

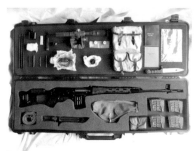

SVD 狙击步枪完整套装

SVD 狙击步枪与 PKM 机枪

装有光学瞄准镜的
SVD 狙击步枪

SVD 狙击手

▎▎▎▎▷ 总体设计

　　SVD 狙击步枪的基本构造为短行程导气式活塞运作半自动步枪。枪管的末端为左旋滚转枪机供弹，枪机上只用三个锁耳进行闭锁，定位于药室后方。SVD 狙击步枪的制式弹匣为双排 10 发装容量，外加棋盘式肋条增加强度；与所有的半自动枪支一样，在最后一发子弹完成击发与抛壳之后，SVD 狙击步枪的弹匣内的托弹板会将枪机与枪机拉柄固定在拉柄导槽后方。

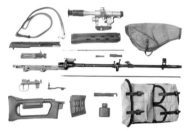

AVD 狙击步枪拆解图

　　SVD 狙击步枪的撞针击锤为传统扭力簧击锤，击锤待命之后两段式保险即可启动。SVD 狙击步枪的机匣已经进行过特别加工以提高精度并且加强抗粗暴环境下的使用。从外观上来看 SVD 狙击步枪常常引起误会，甚至被认为是 AK-47 突击步枪的"狙击版"。因为 SVD 狙击步枪与 AK 系列一样有着巨大的防尘盖板、相似高耸的准星与滑轨式照门，甚至连保险钮都几乎如出一辙。

▎▎▎▎▷ 性能解析

　　随着莫辛 - 纳甘 M1891/30 狙击步枪的退役，SVD 狙击步枪成为苏联军队的主要精确射击装备。但由于苏军狙击手是随同大部队进行支援任务，而不是以小组进行渗透、侦查、狙击，以及反器材 / 反物资作战，因此 SVD 狙击步枪发挥的作用有限，仅仅将班排单位的有效射程提升到了

800 米,更远距离的射击能力则受限于 SVD 狙击步枪光学器材与枪支性能。即便如此,SVD 狙击步枪的可靠性仍然是公认的,这使 SVD 狙击步枪被长期而广泛地使用,在许多局部冲突中都曾出现。

在楼顶使用 SVD 狙击步枪进行狙击训练的士兵

趣 闻 逸 事

由于 SVD 狙击步枪的原设计方案中没有考虑到使用两脚架的问题,在阿富汗战争期间,许多苏联狙击手自己动手改装,把 RPK-74 的两脚架安装到 SVD 狙击步枪上,但这种方式有个缺点就是把两脚架的支点安装在枪管上会降低射击精度。后来俄罗斯吸取了这些经验,专门生产了一种 SVD 狙击步枪专用的伸缩式两脚架,并在机匣底部和弹匣前方钻一个小孔,把两脚架的支撑点移到机匣前方的位置上,这样就能保证枪管不受两脚架的影响了。

TOP 17 阿玛莱特 AR-50 狙击步枪

AR-50 狙击步枪是由美国阿玛莱特公司于 20 世纪末研制及生产的单发旋转后拉式重型狙击步枪（反器材步枪），配用 12.7×99 毫米北约（.50BMG）步枪子弹。

排名依据
AR-50 狙击步枪作为一款经济型的远距离狙击步枪，具有十分优秀的射击精度。其发射时的后坐力非常温和，其机匣采用八边形设计，能够有效抗弯曲。

研发历程

阿玛莱特 AR-50 狙击步枪在 1997 年开始设计，并在 1999 年的 SHOT Show 上首次公开，同年开始发售。

AR-50 狙击步枪枪口部位特写

装有两脚架的 AR-50 狙击步枪

目前，该枪已更新为 AR-50A1B，它安装有更平滑顺畅的枪机、新型枪机挡和加固型枪口制退器。AR-50A1B 是作为一款经济型的长距离射击比赛用枪而设计的，具有令人惊讶的精度，而其巨大的凹槽枪口制退器也使它发射时的后坐力大大减轻。

总体设计

阿玛莱特 AR-50 狙击步枪沉重的枪身和一个大型凹槽型枪口制退器以吸收大量的后坐力，使其后坐力变得非常温和。AR-50 采用特别厚和刚性的枪管，以尽量减少发射时来自枪管的后坐力。

装上手提把的 AR-50 狙击步枪

AR-50 狙击步枪机匣是阿玛莱特独特的八边形设计，增强了机匣对抗弯曲的可能，并安装在框架型铝质整体式前托上。机匣就在多层式 V 型枪托的前方，而枪管是自由浮动于护木的上方，内有 8 条右旋 1∶15 的膛线缠距。AR-50 狙击步枪的枪托可分为三个独立的部分，各部分皆由铝所制成，而甚有特色、挤压而成的护木和支架经过加工并以螺钉固定的枪托可以拆除，可以选择安装具有软橡胶缓冲和可调节的枪托底板，以及高度可调的托腮板。前托底下更装上了 1 个 M16 式手枪握把。

AR-50 狙击步枪及其使用弹药

性能解析

AR-50 狙击步枪是一款高精度的大口径步枪，但在 1999 年后，巴雷特 M82 系列取代了 AR-50 狙击步枪的地位，因为它在战斗期间远比 AR-50 有效。只有一发子弹的 AR-50 狙击步枪无法在短时间内攻击多个目标，但 M82 系列却可以。目前，AR-50 狙击步枪被马来西亚皇家海军特种作战部队和美国一些警察局少量使用。多数 AR-50 狙击步枪被作为民用，主打低端市场，其销售价格较同类型武器下降约 50%。

趣闻逸事

阿玛莱特 AR-50 狙击步枪多次出现于电视节目《流言终结者》中，包括其第 3 季第 10 集"深水躲子弹"、第 3 季第 14 集"流言新解"、第 7 季第 10 集"子弹会转弯"等。

16 TOP

SV-98 狙击步枪

　　SV-98 是由伊兹玛什工厂生产的一款狙击步枪，有着极高的射击精度，目前除了在俄罗斯的特种部队服役外，亚美尼亚等国的军队也少量采用。

排名依据

　　SV-98 狙击步枪专供特种部队、反恐部队及执法机构在反恐行动、小规模冲突以及抓捕要犯、解救人质等行动中使用，其射击精度不逊于以高精度闻名的 TPG-1 狙击步枪。

研发历程

　　自 20 世纪 60 年代以来，SVD 系列狙击步枪一直是苏联军队乃至现今俄罗斯军队的主要狙击武器。尽管 SVD 狙击步枪作为战术支援武器很有效，但在中远距离上的精度很差，不适合远距离的精确狙击，也不适合面对解救人质类的任务。

射击训练场上的 SV-98 狙击步枪

使用 SV-98 进行训练的俄罗斯士兵

开发新型远程精确狙击步枪尤为必要，因此伊兹玛什工厂的枪械设计师弗拉基米尔·斯朗斯尔于 1998 年开始设计 SV-98 狙击步枪。同年，SV-98 狙击步枪被俄罗斯执法机关和反恐怖部队少量试用，2005 年年底正式被俄罗斯军方采用。2010 年，亚美尼亚军方也购入了 52 支 SV-98 狙击步枪。

总体设计

SV-98 狙击步枪的核心是由冷锻法制造的机匣和自由浮动式重型碳素钢枪管，可按照用户的需要选择镀铬与否。手动操作枪机为前端闭锁式，机头有三个对称间距的闭锁凸耳。枪管标准膛线缠距为 1∶320 毫米，有 4 条右旋膛线，并配有枪口凹槽接口以便安装原厂制造的旋接圆锥形鸟笼式消焰 / 制退器或是特别设计的 TGP-B 战术消声器。

SV-98 狙击步枪配备有后备机械瞄具和位于机匣顶部的皮卡汀尼战术导轨，后者可用于安装光学狙击镜、红点镜、全息瞄准镜、夜视镜等配件。

性能解析

与 SVD、VSS 狙击步枪强调战术灵活性不同，SV-98 狙击步枪的战术定位专一而明确：专供特种部队、反

SV-98 狙击步枪局部特写

恐部队及执法机构在反恐行动、小规模冲突以及抓捕要犯、解救人质等行动中使用，以隐蔽、突然的高精度射击火力狙杀白天或低照度条件下 1000 米以内、夜间 500 米以内的主要有生目标。

SV-98 狙击步枪的射击精度远高于发射同种枪弹的 SVD 系列狙击步枪，甚至不逊于以高精度闻名的奥地利 TPG-1 狙击步枪。不过，SV-98 狙击步枪保养比较烦琐，使用寿命较短。

趣闻逸事

在游戏《特种部队 Online》中，于 2012 年 9 月推出 SV-98 狙击步枪，弹匣容量为 5 发，搭配野战迷彩模组彩绘，枪身捆绑战术专用掩体带饰，击中敌人胸部以上几乎可以一枪毙命。游戏中已推出多个版本，包括樱花 SV-98、枫叶 SV-98、黑金 SV-98 等。

R93 战术型狙击步枪

R93 战术型狙击步枪是由德国布拉塞尔公司研制的，可通过更换枪管的方式发射 5.56 毫米、5.59 毫米、6 毫米、6.5 毫米、7.62 毫米、8.59 毫米等多种口径的子弹。

排名依据

R93 战术型狙击步枪有着可靠的性能与良好的射击精度，其射击精度可达 0.25 角分。目前，采用该枪的军警用户主要包括德国警察、保加利亚特种部队、法国巴黎警察、马来西亚军队、俄罗斯联邦安全局特种部队、乌克兰安全局特种部队、英国警察部队等。

研发历程

R93 战术型是由布拉塞尔公司的 R93 系列猎枪衍生而来的专用狙击步枪，在布拉塞尔公司被 SIG 公司收购之后，其销售改由 SIG 公司负责。

右侧视角

使用 R93 狙击步枪的保加利亚特种部队狙击手

使用 R93 狙击步枪的法国警察狙击手

装有两脚架的 R93 狙击步枪

左侧视角

　　除战术型以外，该枪还有 LRS 2（长射程运动用 2 型）和 Tactical 2（战术 2 型）两种衍生型。目前，采用该枪的军警用户主要包括德国警察、荷兰警察、澳大利亚警察、澳大利亚军队、冰岛警察、巴西警察、保加利亚特种部队、法国巴黎警察、马来西亚军队、俄罗斯联邦安全局特种部队、乌克兰安全局特种部队、英国警察部队等。

总体设计

　　R93 战术型狙击步枪的枪机是类似于奥地利斯泰尔 M1895 型步枪的直拉式设计。虽然这种设计已不常见，但好处是操作速度比起其他传统型手动枪机更快，熟练的射手可以使其射击速度不亚于一支半自动步枪。该枪的瞄准具可通过皮卡汀尼导轨安装在枪管，当拆除枪身底部所接驳的六角螺丝时，枪管和瞄准具可从枪身中拆除。这种设计的优点是分解后变得更紧凑、更方便携带，并可以在 30 秒内轻易地重新组装。配合原厂特制的比赛级子弹后，R93 战术型狙击步枪可以极准确地命中射程内远处的小型目标。

性能解析

　　R93 战术型狙击步枪和手动步枪一样，它需要以手动方式完成子弹上膛与退膛动作。R93 战术型狙击步枪射击精度很高，在配合原厂特制的比赛级子弹时，其设计精度可达到 0.25 角分。

趣闻逸事

　　R93 战术型狙击步枪在游戏《反恐精英 Online》中，于韩国服务器 2012 年 5 月 31 日推出，命名为"Blaser R93"。在游戏中使用哑黑色及橄榄色枪身、5 发容量弹匣和 2~4 倍放大倍率的专用瞄准镜。

MSG90 狙击步枪

MSG90 狙击步枪是 HK 公司研制的半自动军用狙击步枪，以 PSG-1 狙击步枪为基础改进而来，配用 7.62×51 毫米 NATO 枪弹。

排名依据
MSG90 狙击步枪是 HK 公司对 PSG-1 狙击步枪进行改良后，并满足军事用途的一款狙击步枪。其重量比 PSG-1 更轻，战场机动性更高。

研发历程

HK 公司研制的 PSG-1 狙击步枪拥有极高的射击精度，不过其价格太高，重量也太重，并且射击时弹壳弹出的力道太大，射击后常常找不到弹出的弹壳，虽然这些缺点对于特警队而言并不会造成太大的问题，但是对军队在战场上运用的情形来说，则会造成极大的不便，因此 PSG-1 狙击步枪并没有被德国联邦国防军采用。

MSG90 狙击步枪局部特写

MSG90 狙击步枪与其弹匣

为了改变这种局面，HK 公司开始对 PSG-1 狙击步枪进行改良，试图让其符合军事用途。HK 公司将 PSG-1 狙击步枪的设计简化，减轻了枪身各部的重量，并使用轻量化的枪管，达到了降低成本及减轻重量的目标，而成品就是 MSG90 狙击步枪。

总体设计

MSG 是德文 Militarisch Scharfschutzen Gewehr 的首字母缩写，意思是"军用精确步枪"。MSG90 狙击步枪采用较轻且直径较小的枪管，枪管前端有一个套管，目的是为了增加枪口的重量，枪托与 PSG-1 狙击步枪一样具有可调整功能。不过 MSG90 狙击步枪的枪托重量较轻，瞄准镜不用时也可以拆卸下来，防止碰撞所造成的损坏。

性能解析

MSG90 狙击步枪采用了直径较小、重量较轻的枪管，在枪管前端接有一个直径 22.5 毫米的套管，以增加枪口的重量，在发射时抑制枪管振动。另外，由于套管的直径与 PSG-1 狙击步枪的枪管一样，所以 MSG90 狙击步枪可以安装 PSG-1 狙击步枪所用的消声器。

MSG90 狙击步枪的塑料枪托也比 PSG-1 狙击步枪的要轻，枪托的长度同样可调，托腮板高低也可以调整，枪管和枪托是 MSG90 狙击步枪和 PSG-1 狙击步枪的主要区别。MSG90 狙击步枪未装机械瞄准具，只配有放大率为 12 倍的瞄准镜，其分划为 100 ～ 800 米。机匣上还配有瞄准具座，可以安装任何北约制式夜视瞄准具或其他光学瞄准镜。和 PSG-1 狙击步枪一样，MSG90 狙击步枪也可以选用两脚架或三脚架支撑射击，虽然三脚架更加稳定，但作为野战步枪，两脚架比较适合。

趣闻逸事

游戏《穿越火线》中，MSG90 狙击步枪为收费道具，在挑战模式"绝命之谷"的最后一个场地时，会有 MSG90 狙击步枪出现。游戏中的 MSG90 狙击步枪弹匣容量为 10/20 发，其具有稳定的性能、较高的威力和比 PSG-1 狙击步枪更快的射速，使其在游戏中成为一支十分优秀的狙击枪。

TPG-1 狙击步枪

TPG-1 狙击步枪是奥地利尤尼科·阿尔皮纳公司生产的模块化、多种口径设计、高度战术应用的竞赛型手动狙击步枪。

排名依据

TPG-1 狙击步枪采用模块化设计,其粗犷豪放的结构在符合人体工学的基础上更带有一种野性美。新颖流畅的枪托造型以及金属亮色的枪管都让该枪具有时尚的元素。另外,TPG-1 狙击步枪还有着极高的射击精度。

研发历程

TPG-1 狙击步枪原为法国尤尼科·阿尔皮纳公司所设计、研发。后期由于尤尼科·阿尔皮纳公司倒闭,项目被转移至德国并且在德国组装生

产,而零部件则由德国和奥地利共同制造。TPG-1 狙击步枪在 2006 年举行的第 33 届国际狩猎与运动武器展览会（IWA2006）上正式推出,其名称中的 TPG 是德语 Taktisches Pr zisions Gewehr 的首字母缩写,意为战术精密步枪。

总体设计

除了极高的射击精度，TPG-1 狙击步枪的最大特点就是模块化。其枪机上有 3 个闭锁凸耳。整个枪机、上机匣组件安装在一个铝质的下机匣上（机匣是两种材料复合制成的，目的是保证强度的同时减轻重量）。

下机匣还有一个功能就是连接可拆的护木和枪托。枪托是聚合物制成的，并且是可调式的。护木下装有两脚架，上机匣设有皮卡汀尼导轨，可以安装各种光学瞄准镜。比赛级的枪管前面通常装有高效的制退器。某些型号还有带消音器的短枪管可选。

性能解析

TPG-1 狙击步枪的外观设计很特别，其粗犷豪放的结构在符合人体工学的基础上更带有一种野性美。新颖流畅的枪托造型以及金属亮色的枪管都让该枪具有时尚的元素。虽然军用狙击步枪同时追求精度和隐蔽性，因而不会采用亮色的枪管，不过如有需要，TPG-1 狙击步枪的枪管可改为哑黑色。

TPG-1 狙击步枪为手动式，采用旋转后拉式枪机，具有不同口径的多种型号，分别发射 .223 Remington、.243 Winchester、.308 Winchester、.300 Winchester Magnum 和 .338 Lapua Magnum 等多种规格的步枪子弹。特种微声型号发射 .22 PPC 和 6 毫米 Norma BR 亚音速步枪子弹，通过更换枪管和枪机组件即可快速实现不同型号之间的转换。

在游戏《战争前线》中，TPG-1 狙击步枪被命名为 Alpine，为狙击手专用武器，弹匣容量为 5 发，可以改装通用消音器、狙击枪消音器、狙击枪双脚架、短程 4 倍狙击镜等。

巴雷特 M99 狙击步枪

M99 狙击步枪是美国巴雷特公司于 1999 年推出的新产品，别名 BIGSHOT，取英文"威力巨大，一枪毙命"之意。

排名依据

M99 狙击步枪外形美观庄重，结构简单，并具有极高的射击精度，其主要用作打击敌方指挥部、油库和雷达等重要设施。

研发历程

巴雷特公司在推出大口径的 M82 及 M95 狙击步枪后，为了提高精度及降低长度，又以 M95 狙击步枪为基础设计出一种犊牛式结构、旋转后拉式枪机、内置弹仓只能放 1 发子弹的狙击步枪，即 M99 狙击步枪。

▷ 总体设计

　　巴雷特公司为使 M99 狙击步枪拥有极高的射击精度，因此将其结构设计得比较简单。M99 狙击步枪的两脚架装在机匣前端的底部。M99 狙击步枪的枪口仍然装有高效能的双室枪口制退器，但枪管没有刻上线坑，也没有预设瞄准镜，只有在机匣顶部设有的战术导轨上安装瞄准镜。该枪有两种口径，分别是 .50 BMG（12.7 毫米）和 .416 Barrett（约 10.57 毫米）。在美国一些禁止民间拥有 12.7 毫米步枪的州（如加州）只会发售 10.57 毫米口径版本。

▷ 性能解析

　　M99 狙击步枪外形美观庄重，结构简单，只要拔下 3 个快速分解销，就可以完成不完全分解，修理和保养十分方便。由于采用多齿刚性闭锁结构，非自动发射方式，即发射一发枪弹后，需手动退出弹壳，并手动装填第二发枪弹，该枪主要使用 12.7×99 毫米大口径勃朗宁机枪弹，必要时也可以发射同口径的其他机枪弹，主要打击目标是指挥部、停机坪上的飞机、油库、雷达等重要设施。

　　目前，M99 狙击步枪被阿尔巴尼亚军队、孟加拉陆军、荷兰皇家海军陆战队以及美国一些警察部门所采用。

> **趣闻逸事**
>
> 　　由于 M99 狙击步枪的弹仓只能放一发子弹而且不设弹匣，在军事用途上缺乏竞争力，所以现在主要是面民用市场及执法部门发售。

AW50 狙击步枪

AW50 狙击步枪是由精密国际公司在 AW 系列狙击步枪的基础上改进而来的一款狙击步枪，其标准子弹可以在一发内结合贯穿、高爆和燃烧等效果。

排名依据

AW50 狙击步枪发射的标准子弹可以在一发内结合贯穿、高爆和燃烧等效果。目前被英国常规部队及特种空勤团和其他国家的特种部队采用。

研发历程

AW50 狙击步枪是一支远程精确手动式狙击步枪，可视为 AW/L96A1 的大型化版本，1997 年开始批量生产并进入军队服役。该枪是为了摧毁多种目标而设计的，目标包括雷达装置、轻型汽车（包括轻型装甲车）、野战工事、船只、弹药库和油库。

右侧视角

装有两脚架的 AW50 狙击步枪

其标准子弹可以在一发以内结合贯穿、高爆和燃烧等效果。目前，AW50 狙击步枪已被英国常规部队及特种空勤团所采用，并命名为L121A1。除此之外，美国海军海豹突击队、韩国707特别任务大队、德国联邦国防军、爱尔兰陆军游骑兵、斯洛伐克陆军、马耳他陆军、泰国军队、澳大利亚军队和葡萄牙军队也采用了该枪。

AW50 狙击步枪试射

总体设计

AW50 反器材狙击步枪是英国精密国际公司的 AW 狙击步枪枪族中的一员，于 1998 年推出，以满足国际市场对大口径反器材狙击步枪越来越大的需求。此枪型基本上是在 AW 系列狙击步枪的基础上改进的。

装备 AW50 狙击步枪的英国士兵

AW50 狙击步枪与其他 AW 枪族基本相同，只是为适合 .50 BMG 弹而增加了高效的缓冲系统，枪托可折叠以缩短携行长度，枪托底部有可调整的后脚架。与 AWM 狙击步枪一样，除了一个高效的枪口制退器，也可以选用一个简单的消声器，可有效地降低枪声、枪口焰、硝烟和地面扬尘效果。

性能解析

AW50 狙击步枪采用铝合金制造的机匣，有利于减轻全枪重量，机匣顶部设有皮卡汀尼导轨，可用以安装光学瞄准镜等附件。手动保险位于机匣右侧、扳机上方位置。保险有两个位置，前方的射击位置标有红色字母 F，后方的保险位置标有白色字母 S。机匣下方配备了 5 发可拆卸式弹匣，使 AW50 狙击步枪可以快速重新装填。

弹匣表面经过阳极氧化处理，以增强其耐磨及抗腐蚀能力，提高使用寿命。AW50 狙击步枪采用两道火扳机，扳机力从 1.5~2 千克，可调。预扣扳机时的扳机力较小，而快要实现击发时的扳机力会明显加大，以提示射手枪弹即将击发。这种设计可以减少急扣扳机的情况发生，有利于提高射击精度。

趣闻逸事

在游戏《CS OL》中，2012 年 6 月 13 日国服更新版本《枪王之王》中推出了这把枪，属于金币销售道具，装填 5 发子弹。这把枪只有 60 级以上才能使用。这把枪在 CS OL 中可看作巴雷特 M95 狙击步枪的一个山寨版，使用同一种子弹，威力和 AWP 如出一辙，使用中后坐力、连射性、重量、换弹时间比巴雷特 M95 狙击步枪更大、更慢、更重、更久，因此更适合在虚拟竞技或者是虚拟团队模式中娱乐使用。

TOP 10 巴雷特 XM109 狙击步枪

XM109 狙击步枪是由巴雷特公司设计并生产的一款反器材狙击步枪，口径达 25 毫米，威力巨大，称其为狙击炮也不为过。

排名依据

　　XM109 狙击步枪威力巨大，是一支半自动反器材步枪，主要用来攻击轻型装甲车和军用物资等，其发射的 25 毫米大口径子弹可以轻松穿透轻型装甲车和停在地面上的飞机装甲。

研发历程

　　虽然 M82A1 狙击步枪已经具备攻击轻型装甲车辆的能力，但是 12.7 毫米子弹在远距离上对装甲目标的破坏力却相对有限。为了最大限度地发掘大口径狙击步枪的潜力，巴雷特公司在 1999 年推出了一款 25 毫米口径的狙击步枪，这就是 XM109 狙击步枪。

XM109 狙击步枪及其弹匣

以卧姿操作 XM109 狙击步枪的士兵

▌▌▌▌▶ 总体设计

XM109 原名为理想狙击武器（Objective Sniper Weapon，OSW）或是"佩劳德步枪"（根据巴雷特方面；"佩劳德"为 Payload 的音译，原意为"有效负载"），是一支半自动反器材狙击步枪，设计主要用于攻击轻型装甲车及类似的军用物资。该设计采用了来自 M82A1/M107 的下机匣，但装上一个新型 25 毫米口径的上机匣。事实上，它在设计上已经考虑到这一点。原来的 M82 步枪的上机匣可以替换为 XM109 的上机匣，以形成一款功能齐全的 XM109 狙击步枪。XM109 狙击步枪是以 5 发可拆卸式弹匣供弹，与弹匣的总重量为 15.9 千克。

▌▌▌▌▶ 性能解析

XM109 狙击步枪的最大攻击距离可以达到 2000 米，其使用的 25 毫米大口径子弹（由"阿帕奇"武装直升机上 M789 机炮使用的 30 毫米高爆子弹改进而来）有效射程内至少能够穿透 50 毫米厚的装甲钢板，可以轻松地摧毁包括轻装甲车辆和停止的飞机在内的各种轻型装甲目标。据称，这种 25 毫米大口径弹药的穿透力是 12.7 毫米口径穿甲弹的 2.5 倍以上。

严格说来，XM109 狙击步枪已经可以视作"狙击炮"，这种射程远、威力大的狙击武器对使用轻装甲的机械化步兵来说绝对是一场噩梦。特别是在一些地形奇特的地区，一支 XM109 狙击步枪几乎可以打乱或者打垮一个装甲排，甚至装甲连的进攻。但是考虑到 XM109 狙击步枪超过 20 千克的重量会大大影响到机动性，因此在实战中，XM109 狙击步枪的生存力相对来说也不会太高。

趣闻逸事

在射击游戏《寄生前夜：第三次生日》中，使用 XM109 狙击步枪攻击"扭曲者"非常有效。开启无限弹药的"金手指"后，XM109 狙击步枪会成为凌驾于榴弹发射器之上的最强远距离杀伤武器，是突破高难度的最佳选择之一。而在以超强自由度与优秀画面闻名的游戏《黑道圣徒》中，XM109 狙击步枪也是威力极大的武器。

巴雷特 M98B 狙击步枪

M98B 狙击步枪是由美国巴雷特公司研制的旋转后拉式枪机式手动狙击步枪，于 2008 年 10 月正式公布，2009 年年初开始销售。该枪是在 M98 狙击步枪的基础上改进而成，发射 .338 Lapua Magnum 弹。

排名依据

M98B 狙击步枪是一款威力适中的远距离狙击步枪，其射击精度较高，在 1600 米的距离上可以无修正命中人体目标，并能对人员达到"一击毙命"的效果。

研发历程

1997 年，巴雷特公司的枪械设计师开始设计新式狙击步枪，主要目标是在不以现有运动步枪为基础的前提下设计一款精确战术型 .338 Lapua Magnum 狙击步枪。1998 年，新设计的 M98 狙击步枪在内华达州拉斯维加斯的 SHOT Show 中展出。不过，由于巴雷特 M99 狙击步枪的出现，M98 狙击步枪从未投入生产。

侧后方视角

侧前方视角

直到 21 世纪初, 朗尼·巴雷特的儿子克里斯才恢复了巴雷特对 .338 口径步枪的关注和研发, 并且在 2009 年的 SHOT Show 之中推出了巴雷特 M98B 狙击步枪。该枪在设计之初就贯彻了远程高精度狙击步枪的设计理念, 在远程狙击步枪领域开启了新的一页。

总体设计

巴雷特 M98B 狙击步枪和其他巴雷特型号狙击步枪的最大区别就是采用是类似斯通纳的 AR-15/M16 步枪设计; 以铝质铰链连接上下机匣, 符合人体工学的手枪握把和由拇指直接操作的手动保险装置都是借鉴了斯通纳步枪的设计。

巴雷特 M98B 狙击步枪还装有一根中 / 重型枪管, 全长 685.8 毫米, 枪管具有凹槽以增加散热速度。枪管内有 6 条膛线, 膛线缠距为 254 毫米。

装有两脚架的 M98B 狙击步枪

巴雷特 M98B 狙击步枪除了原有设计的手枪握把外, 还可以安装任何种类的 AR-15/M16 步枪的手枪握把。其下机匣装有一个灵巧的弹匣释放拨杆, 设置在扳机护圈的前方。

性能解析

　　M98B 狙击步枪是一款威力适中的远距离狙击步枪，威力介于 7.62 毫米和 12.7 毫米这两种主流口径狙击步枪之间。该枪精度较高，在 500 米距离弹着点散布直径是 60 毫米，在 1600 米距离可以无修正命中人体目标，且对人员可达到"一枪毙命"的效果。M98B 狙击步枪不但是有效的反人员狙击步枪，也可以在一定程度上作为反器材狙击步枪使用。

趣闻逸事

　　2009 年 9 月 9 日，巴雷特公司发布了关于 M98B 狙击步枪的回收通知，他们发现，如果 M98B 狙击步枪不慎掉落在地面或遭受大力碰撞，就可能会造成走火。后来其下机匣经过修改后已经能够避免这个问题，并确保使用者的安全。

8 TOP ## VSK-94 微声狙击步枪

　　VSK-94 是俄罗斯研制的一款小型微声狙击步枪，该枪即便上满子弹重量也仅为 3.93 千克，而且体积较小，非常适合特种部队使用，所以该枪在俄罗斯特种部队中有很高的声誉。

排名依据

　　VSK-94 微声狙击步枪重量轻巧，体积小巧，十分适合特种部队使用，在俄罗斯特种部队中有着很高的声誉。

 研发历程

　　20 世纪 90 年代初，俄罗斯 KBP 仪器设计厂自主开发了一种新式近距离作战警用武器，设计目标要比 AKS-74U 突击步枪更轻、有更好的停止作用和穿透物体的能力，而且其生产和维护成本都比较低。

1994 年,设计完成的 9A-91 突击步枪在图拉兵工厂进行小批量生产,并在同年交付给俄罗斯内务部试用。此后,KBP仪器设计厂又研制出 9A-91 突击步枪的狙击版本,即 VSK-94 微声狙击步枪。

⚡ 总体设计

VSK-94 微声狙击步枪局部特写

VSK-94 微声狙击步枪采用气动式操作和转栓式枪机。气动式操作类型是长行程活塞传动,而转栓式枪机有 4 个锁耳。VSK-94 微声狙击步枪的机匣采用低成本的金属冲压方式生产,以减少生产成本、所需的金属原料和生产所需的时间,而且更容易进行维护及维修。拉机柄在机匣右侧,发射模式选择杆位于机匣的左侧,略高于扳机护圈,并可以选择半自动和全自动射击。该枪的枪托为塑料制成,并可以更换,和小握把为一个整体,在底托上有橡胶垫,以便射手在使用时更加舒适。上翻式调节的金属机械照门只能让 VSK-94 微声狙击步枪攻击 200 米以内的目标,但是可以在机匣左方安装能够放大 4 倍的 PSO-1 瞄准镜来攻击 400 米距离上的目标。

⚡ 性能解析

VSK-94 微声狙击步枪配用 9×39 毫米子弹,能准确地对 400 米距离内的所有目标发动突击。该枪能安装高效消声器,以便在射击时减小噪音,还能完全消除枪口火焰,大大提高了射手的隐蔽性和攻击的突然性。VSK-94 微声狙击步枪的消音效果极好,在 50 米远的距离上,它的枪声几乎是听不到的。

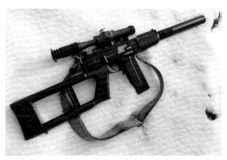

奈特 M110 狙击步枪

M110 狙击步枪也被称为"M110 半自动狙击手系统"（M110 Semi-Automatic Sniper System，M110 SASS），是美国奈特公司推出的 7.62 毫米口径半自动狙击步枪。

排名依据
M110 狙击步枪是美军装备的一款性能优秀的狙击步枪，参与过阿富汗战争等多次军事行动，被评为"2007 年美国陆军十大发明"之一。

研发历程

M110 狙击步枪的开发目的是为了替换美国陆军狙击手、观察手、指定射手及班组精确射手的 M24 狙击步枪，美国陆军在提交计划后开放给多家公司参与。2005 年 9 月 28 日，KAC 的方案胜出，正式定名为 M110 半自动狙击手系统（在测试时名为 XM110）。2006 年底，M110 狙击步枪正式成为美军的制式狙击步枪。2007 年 4 月，驻守阿富汗的美国陆军"复仇女神"特遣队成为首支使用 M110 狙击步枪作战的部队。

使用 M110 狙击步枪的二人狙击小组

M110 狙击步枪套装

丛林中的 M110 狙击手

M110 狙击步枪与 Mk11 Mod 0 比较相似，这两款武器的主要区别在于枪托、枪口装置以及导轨。M110 狙击步枪使用的枪托是 A2 固定式造型和 A1 长度可调整式。此外，M110 狙击步枪的枪管上还带有消焰器，并能安装改进的 QD 消音器，导轨则为 URX 模块导轨系统。此外，M110 狙击步枪的弹匣释放按钮和保险、拉机柄均可两面操作。除了狙击步枪本身，M110 狙击步枪的套装还包括 Leupold 3.5 ～ 10 倍瞄准镜、便携式枪袋、Harris 可拆式两脚架、背带、AN/PVS-14 夜视镜、快拆式消声器、数个 20 发弹匣和 PAL 专用弹匣袋及硬式储藏箱一个。

性能解析

与 M24 狙击步枪相比，一般情况下，配用 7.62 毫米子弹的 M24 狙击步枪最大有效射程为 800 米，配用相同子弹的 M110 狙击步枪有效射程虽然超过 1000 米，但射击精度却明显不如前者。一些狙击手表示，为了杀伤敌人，他们不得不冒着暴露目标的危险多次射击，有时甚至被迫重新使用更为稳定的 M24 狙击步枪。此外，对于半自动狙击步枪是否适合专业狙击手也受到质疑，因为根据一些美军狙击手在伊拉克使用 Mk11 Mod 0 步枪的情况来看，这种武器相比之下更适合在城市战中使用。

趣闻逸事

最初参加美军 SASS 计划竞选的有五家著名的军械公司，其中包括奈特公司、雷明顿公司、阿姆莱特公司等。进入最后竞争阶段的是奈特公司的 SR-XM110 和雷明顿公司的 AR-10T。奈特公司之所以胜出，和其公司副总裁戴夫·卢茨先生有很大关系。卢茨是一位退役的海军陆战队中校，和军方有着很深的交情，对狙击步枪情有独钟并有着自己的见解。而且在与巴雷特公司竞争时，卢茨凭借其退役中校的身份提前获知了美军在一些细节上的要求，从而帮助奈特公司在竞争中夺魁。

TOP 6 夏伊 CheyTac M200 狙击步枪

CheyTac M200 是由美国夏伊战术公司生产的一款狙击步枪，有多种不同的口径，目前已被数个国家的特种部队采用，如捷克特殊任务小组、约旦 SRR-61 团、波兰陆军 GROM 特种部队、土耳其默鲁恩贝雷帽部队等。

排名依据

　　M200 狙击步枪具有强大的动能，其发射的子弹在 2000 米外还能以超音速飞行。目前已被多个国家的特种部队采用。

研发历程

　　M200 狙击步枪的研发者为兰迪·哥佛谢夫，2001 年开始批量生产。2006 年 11 月 13 日，夏伊战术公司曾在资料文件中宣称，"CheyTac 长距离步枪系统被定位为一种在 1 828.8 米的范围使用的反人员系统"。

枪口部位特写　　　　　　　装有两脚架的 M200 狙击步枪

总体设计

　　M200 狙击步枪使用手动枪机，发射机构安装在机匣底部尾端，并在发射机座上装上了可自由伸缩的枪托，枪托配有折叠后脚架和托腮架。枪管为自由浮动式设计，只与机匣连接，且由圆柱形护木保护。枪管和枪机有凹槽以减少重量及提升张力，两者可以迅速更换或分解。

在瞄准镜上加装热成像仪的 M200 狙击步枪

M200 狙击步枪护木上、弹匣前方的大型提把方便携行，同时也能充当前枪托，不使用时可以向下折叠。枪口设有 PGRS-1 制退器并可装上消声器，握把上设有手指凹槽。由于 M200 狙击步枪没有安装机械瞄具，必须利用机匣顶部的皮卡汀尼导轨安装光学瞄准镜或夜视镜，而其他战术配件可在前端的战术导轨上安装。

侧后方视角

性能解析

M200 狙击步枪拥有强大的动能，其发射的 .408 弹药在 2000 米外还能以超音速飞行。组成这种远射步枪系统还包括新型的战术电脑、传感器、和弹道软件等。M200 狙击步枪使用了手动枪机操作并装上了可自由伸缩设计的枪托，枪托配有折叠后脚架和托腮架。枪管为浮动式设计，只会跟机匣连接并且由圆柱形护木保护。枪管和枪机也有凹槽以减少重量及提升张力，两者也可以迅速更换或分解以便运输而弹匣前方的大型提把用以方便携带此枪，并可以在不使用时向下折叠。

俯视 M200 狙击步枪

趣 闻 逸 事

M200 狙击步枪曾出现在多部电影、电视资讯节目、电脑游戏和动画里,如在电影《生死狙击》中被鲍勃·李·史瓦格和伊萨·强森上校所使用。在《特种部队 OL》《反恐精英 OL》《使命召唤:现代战争 2》《国土防线》等电子游戏中,M200 狙击步枪均有出场,但外观和性能不尽相同。在日本动画节目《天使的心跳》中,M200 狙击步枪是主要角色仲村百合使用的武器之一。

雷明顿 MSR 狙击步枪

MSR(Modular Sniper Rifle)由美国雷明顿军品分公司研制、生产及销售的手动狙击步枪,可使用 7.62×51 NATO、.300 WinchesterMagnum、.338 Lapua Magnum 和 .338 Norma Magnum 等多种口径的弹药。

排名依据
MSR 狙击步枪采用模块化设计,在各种口径间变换时只需要几分钟。MSR 采用比赛级枪管,其枪管精度寿命大于 2500 发。

▌▌▌▌▶ ★ 研发历程

雷明顿 MSR 狙击步枪在 2009 年的 SHOT Show 上首次露面,研发目的是参与 2009 年 1 月 15 日美国特种作战司令部发出的一项名为精密狙击步枪的合同并作为其中一个 .338 口径狙击平台,与其他枪械制造商所有全新研制或既有型号的改进型进行竞标。与其他精密狙击步枪的候选型号相比,雷明顿 MSR 狙击步枪的设计优势是采用了模块化设计,灵活性也比较大。不管美军特种部队最终是否采用该枪,雷明顿军品分公司都会将它推向执法机构和民用市场。

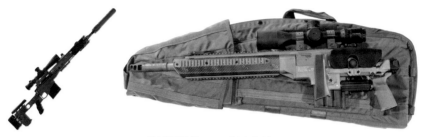

枪托折叠的 MSR 狙击步枪

靶场上的 MSR 狙击步枪

总体设计

　　雷明顿 MSR 狙击步枪采用了模块化设计，整个系统都装在 1 个耐腐蚀的全铝合金制造的底座上，这个底座包括弹匣插座、击发机座和前托在内，钛合金制成的机匣安装在底座上。自由浮置式枪管通过钢质的大型枪管节套固定在机匣上，以八角形前托包覆在外面，前托则以螺丝从前托的顶部（6 颗）及其后端（2 颗）锁紧。改变口径时需要更换的零件包括枪管、枪机头和弹匣，这样就能在各种口径之间转换，且转换时间只需要几分钟。

拆分成模块的 MSR 狙击步枪

▌▌▌▶ ★ 性能解析

雷明顿 MSR 狙击步枪采用了全新设计的旋转后拉式枪机和机匣，取代了雷明顿武器公司著名产品雷明顿 700 步枪系列所采用的双大型锁耳型毛瑟式枪机和圆形机匣。该枪的比赛等级枪管的外表面有纵向长型凹槽，既能够减轻重量也增加了刚性，还提高了散热效率，枪管精度寿命估计大于2500 发。自由浮置式枪管除了与机匣连接外，与整个前托都不接触。

雷明顿 MSR 的枪口上安装了先进武器装备公司的消焰 / 制退器后，可减少后坐力、枪口上扬和枪口焰，并能利用其装上先进武器装备公司的"泰坦"型快速安装及拆卸消声器。

> #### 趣 闻 逸 事
>
> 在游戏《使命召唤：现代战争 3》中，雷明顿 MSR 狙击步枪被命名为 MSR，采用 5 发弹匣（联机模式时可使用技能：延长弹匣至 7 发），最高携弹量为 100 发（故事模式）和 40 发（联机模式），游戏中 MSR 狙击步枪具有预设狙击镜，在故事模式中被美国陆军三角洲特种部队所使用。联机模式中于 66 级时解锁，并可使用ACOG 光学瞄准镜、心跳探测器、热能探测式瞄准镜等附件。

巴雷特 M107 狙击步枪

M107 狙击步枪是巴雷特公司在美国海军陆战队使用的 M82A3 狙击步枪的基础上改进而来，能够使用大威力 12.7 毫米口径弹药。

研发历程

　　1999 年，巴雷特 M95 狙击步枪被美军选中参与 XM107 选型，但未能选中。由于已有预算分配给 XM107，因此后来美军寻求新型远程枪支时，为了避免预算问题复杂化，决定将新购买的 M82 命名为 M107。2003 年 9 月，巴雷特公司赢得了 M107 狙击步枪项目生产合同，由位于新泽西州皮卡汀尼兵工厂负责生产。

美军 M107 狙击手

美军士兵使用 M107 狙击步枪进行射击训练

总体设计

装有两脚架的 M107 狙击步枪

　　M107 狙击步枪是一款 12.7 毫米口径的半自动狙击步枪，像 M82 狙击步枪一样有退缩式枪管以吸收后坐力，每次射击后内部机构都由后方的弹簧吸收掉后坐力，所以其射击时后坐力很小。此外枪支本身重量和大型枪口制退器也吸收了不少后坐力。M107 狙击步枪是 M82A1 狙击步枪经过了许多修改后的型号，其相对于 M82A1 的新特征就是加长的战术导轨、后握把和脚架插口。整套 M107 系统包括步枪、可拆卸的 10 发弹匣、可变倍率的昼用瞄准具、运输箱、战术软包装箱、清洗和维护设备、可拆卸背带、可调节两脚架和使用指南。

加装消音器的 M107 狙击步枪

性能解析

M107 狙击步枪使美国陆军狙击手能够在 1500 ～ 2000 米距离内精确射击有生力量和技术装备目标。该枪主要用于远距离有效攻击和摧毁技术装备目标，包括停放的飞机、计算机、情报站、雷达站、弹药、石油、燃油和润滑剂站、各种轻型装甲目标和通信设备等。在反狙击手任务中，M107 狙击步枪有更远的射程，并且有更高的终点效应。

M107 狙击步枪及其弹药

趣闻逸事

在游戏《战争前线》中，M107 狙击步枪被命名为 "Barrett M107"，是狙击手专用武器，10 发弹匣，只能由 K 点购买，并且只能改装瞄准镜，无法改装战术导轨和枪口，自带双脚架和枪口制退器。

麦克米兰 TAC-50 狙击步枪

TAC-50 是由美国麦克米兰公司设计并生产的一款狙击步枪，其有着较高的射击精度和较远的有效射程，目前在多国的特种部队中服役。

排名依据

TAC-50 狙击步枪采用比赛级枪管，有着极高的射击精度，发射比赛级弹药的精度高达 0.5 角分。2002 年，一名加拿大士兵使用 TAC-50 狙击步枪创下了当时最远距离的命中纪录。

研发历程

TAC-50 狙击步枪是由美国麦克米兰兄弟步枪公司在 1980 年推出的反器材步枪。2000 年，加拿大军队将 TAC-50 狙击步枪选为制式武器，并重新命名为"C15 长程狙击武器"。美国海军"海豹"突击队也采用了该枪，命名为 MK15 狙击步枪。除此之外，TAC-50 狙击步枪的用户还包括法国海军突击队、格鲁吉亚陆军特种部队、约旦特别侦察团、波兰陆军特种部队、南非警察特别任务队、土耳其陆军山区突击队、以色列特种部队和秘鲁陆军等。

总体设计

TAC-50 狙击步枪采用手动旋转后拉式枪机系统,装有比赛级浮置枪管,枪管表面刻有线坑以减轻重量,枪口装有高效能制退器以缓冲 12.7 毫米口径子弹的强大后坐力,由可装 5 发子弹的可分离式弹仓供弹,采用麦克米兰玻璃纤维强化塑胶枪托。枪托前端装有两脚架,尾部安装有特制橡胶缓冲垫,整个枪托尾部可以拆下以方便携带。握把为手枪型,扳机是雷明顿式扳机。

使用 TAC-50 狙击步枪的美国士兵

装备 TAC-50 狙击步枪的美国"海豹"突击队员

性能解析

TAC-50 狙击步枪是一种军队及执法部门用的狙击武器,也是加拿大军队在 2000 年起的制式"长距离狙击武器",发射比赛级弹药的精度高达 0.5 角分(MOA)。TAC-50 狙击步枪采用旋转后拉式枪机,采用 5 发容量的弹匣、麦克米兰玻璃纤维枪托、手枪型握把。扳机是雷明顿式扳机,扳机扣力 1.6 千克。外表有凹槽的比赛级的优质枪管,配合使用优质的弹药可达到 0.5 MOA 的精度,这在 .50 BMG 口径步枪中是相当高的。

趣闻逸事

　　2002 年，加拿大军队的罗布·福尔隆下士在阿富汗某山谷上，以 TAC-50 狙击步枪在 2430 米距离上击中一名塔利班武装分子 RPK 机枪手，创出当时最远狙击距离的世界纪录，至 2009 年 11 月才被英军下士克雷格·哈里森以 2475 米的距离打破。

2002 年创下最远狙击距离世界纪录的那把 TAC-50 狙击步枪

配用弹药

　　TAC-50 狙击步枪可以发射两种子弹，即 12.7×99 毫米子弹和 .50 FAT MAC 特种子弹。前者为普通子弹（也是 M2 重机枪使用的子弹），后者为特制改进版子弹，装药量更多，枪口初速更高，可达 1000 米 / 秒以上，且射程更远。12.7 毫米口径的狙击步枪，一般都是反器材狙击步枪，但是 TAC-50 狙击步枪的精度极高，所以狙击手经常用它来打击暴露在地面上的敌人。

TAC-50 狙击步枪接受测试

加拿大狙击手练习使用 TAC-50 狙击步枪

衍生型号

名　　称	说　　明
TAC-50 A1	2012 年定型，有一个新的可拆卸的玻璃纤维前护木
TAC-50 A1-R2	采用了一种新的液压缓冲系统，可以进一步降低射击后坐力
.50 Cal Sporter	民用比赛步枪，采用不同的枪托

主要用户

国　　家	单　　位
加拿大	加拿大军队
法国	法国海军突击队
格鲁吉亚	格鲁吉亚陆军特种部队单位
以色列	以色列国防军特种部队单位
约旦	约旦陆军特别侦察团
秘鲁	秘鲁陆军
菲律宾	菲律宾军队
波兰	波兰军队行动应变及机动组
南非	南非警察局特别任务队
土耳其	土耳其陆军山区突击队
乌克兰	乌克兰国民卫队
美国	美国海军"海豹"突击队

TAC-50 狙击步枪接受美国海军测试

使用 TAC-50 狙击步枪的加拿大狙击手

加拿大军队狙击手使用 TAC-50 狙击步枪

AW 狙击步枪

AW 是英国精密国际公司北极作战系列狙击步枪的基本型，自从 20 世纪 80 年代问世至今，该枪在平民、警察和军队中应用很普及。

排名依据
AW 狙击步枪自问世以来，就一直深受普通民众、警察和军队的喜欢，并被多个国家广泛采用，除英国外，还有超过 40 个国家采用了 AW 狙击步枪。

研发历程

PM/L96 狙击步枪装备英国部队后，精密国际公司仍根据英军提出的要求继续改进，最终在 1990 年停止生产 PM/L96，转而生产新的改进型——AW 狙击步枪。

英军马上采用了这种新型步枪，并重新命名为 L96A1。AW 狙击步枪原本只有 7.62 毫米 NATO 口径型，1998 年又推出了 5.56 毫米 NATO 口径型。精密国际以 AW 狙击步枪为基础，陆续推出了一系列不同类型的狙击步枪，包括警用型 AWP、消声型 AWS、马格南型 AWM 和 .50BMG 口径型 AW50 等。此外，上述型号中均有被称为 F 型的折叠枪托型，如 AW-F 或 AWM-F。

总体设计

AW 狙击步枪采用 AWMP 栓式枪机往复原理。与该步枪配套的是 PM6×42、10×42 或（3-12）×50 施密特 - 宾得军用瞄准镜、两个容量 10 发的弹匣、两脚架和 1 个安装有 20 发亚音速子弹的弹盒。该步枪系统由步枪和附件组成。步枪为含消焰器的 AWS 步枪，整枪可拆解，可折叠枪托是采用 AW-F 的折叠枪托的 AWS 步枪。在折叠枪托和拆卸枪管后整枪可装在 1 个专门配套的小手提箱中，除此以外和 AWS 步枪完全相同。所有的附件可以装入 1 个配有轮子和折叠手柄的航空箱。

性能解析

AW 狙击步枪的枪机具有防冻功能，即使气温在 -40℃下仍能可靠地运作，而这点也是英军特别要求的。事实上，"北极作战"的名称便源于其在严寒气候下良好的操作性。

AW 狙击步枪能达到 0.75 MOA 的精度，据说在 550 米距离上发射船形尾比赛弹的散布直径能小于 51 毫米。北约测试中心进行了 25000 发的可靠性测试，表明 AW 狙击步枪的枪管非常耐用。而在不降低狙击精度的情况下，其枪管寿命可达 5000 发。

> **趣闻逸事**
>
> 作为世界上最著名的狙击步枪之一，AW 系列狙击步枪经常出现在各类影视剧中，其中 AW 狙击步枪基本型便曾出现在《生化危机：启示录》、《曼谷杀手》和《刺杀游戏》等影片中。

配用弹药

AW 系列狙击步枪可以使用的子弹包括 7.62×51 毫米（PM、AW、AWS、AWC、AWP）、.300 Winchester Magnum（AWM 系 列 ）、.338 Lapua Magnum（AWM 系列）、.243 Winchester（AWP）和 12.7×99 毫米（AW50、AS50）等。其中，7.62×51 毫米子弹研发于 1950 年，为战斗步枪与机枪所设计，使用于包括 M14 自动步枪、M60 通用机枪与 M134 机枪在内的许多美国系统的枪械，也是北约成员国的标准用弹。该子弹是一种无缘瓶颈式全威力步枪弹，通常配备 147 ～ 175 格令（9.5 ～ 11.3 克）的铜甲铅心战斗部。相比俄罗斯标准 7.62×39 毫米子弹，威力更大。

AW 狙击步枪瞄准镜

比利时狙击手采用卧姿操作 AW 狙击步枪

衍生型号

名　　称	说　　明
AW	标准型
AW-F	除了具备可折叠枪托外，与标准型 AW 没有区别
AWP	执法机构使用的 AW 改型
AWS	又名 AWC，装有消声器，易于拆卸
AWM	使用大威力枪弹的改型，其中使用 .338 Lapua Magnum 子弹的又称 AWSM
AW50	反器材狙击步枪，经过重新设计，使用 12.7×99mm NATO（.50 BMG）子弹
AS50	使用 12.7×99mm NATO（.50 BMG）子弹，主要供美国海军"海豹"突击队使用
AE	AW 的简化版本，尽管不如 AW 系列坚固，但价格却下降了很多

主要用户

国　　家	单　位
英国	英国陆军、海军陆战队
德国	德国联邦国防军
美国	美国陆军
荷兰	荷兰陆军、空军、海军陆战队
挪威	挪威陆军特种部队、海军特种部队
澳大利亚	澳大利亚国防军
俄罗斯	俄罗斯"阿尔法"特种部队
韩国	韩国特种部队
葡萄牙	葡萄牙陆军
波兰	波兰军队行动应变及机动组
马来西亚	马来西亚特种警察部队
亚美尼亚	亚美尼亚军队
比利时	比利时国防军
瑞典	瑞典国防军、警察

手持 AW 狙击步枪的英军狙击手（中）

使用 AW 狙击步枪的澳大利亚狙击手

装有两脚架的 AW 狙击步枪

巴雷特 M82 狙击步枪

M82 狙击步枪是美国巴雷特公司研制的重型特殊用途狙击步枪（Special Application Scoped Rifle，SASR），主要有 M82A1、M82A2 和 M82A3 三种型号。

排名依据

M82 狙击步枪是美军唯一的"特殊用途狙击步枪"，可以用于反器材攻击和引爆弹药库。它具有超过 1500 米的有效射程，甚至有过 2500 米的命中纪录。M82 狙击步枪几乎主要西方国家的军队都有使用，包括美军特种部队。

研发历程

M82 狙击步枪源自朗尼·巴雷特建立的使用 12.7×99 毫米 NATO（.50BMG）口径子弹的半自动狙击步枪专案。该口径子弹原本为勃朗宁 M2HB 重机枪所用。M82 狙击步枪于 20 世纪 80 年代早期开始研发，1982 年制造出第一把样枪并命名。1986 年，巴雷特研发出 M82A1。1987 年，更先进的 M82A2 无托式步枪研发成功。M82 系列最新的产品是 M82A1M，被美国海军陆战队大量装备并命名为 M82A3 SASR。

M82 狙击步枪试射

M82 狙击步枪二人狙击小组

装有两脚架的 M82 狙击步枪

总体设计

巴雷特 M82 狙击步枪是由美国巴雷特公司研发生产的重型特殊用途狙击步枪，美军昵称"轻 50"。因为其使用勃朗宁 M2 重机枪的大口径 12.7×99 毫米 NATO 子弹，所以威力巨大。M82 可以迅速地分解成上机匣、下机匣及枪机框三部分。分解销位于机匣右侧，一个在弹匣前方，另一个在枪托底板附近。上下机匣是主要部分，为了保证其强度及耐磨性选用了高碳钢材料。下机匣连接两脚架、枪手底板及握把，其内部包括枪机部件及主要的弹簧装置。

美国陆军士兵在山区使用 M82 狙击步枪

使用 M82 狙击步枪的美国海军陆战队士兵

性能解析

　　M82 狙击步枪的超高动能搭配高能子弹，可以有效摧毁雷达站、卡车、战斗机（停放状态）等战略物资，因此被称为"反器材步枪"。

　　由于 M82 狙击步枪可以打穿墙壁，因此也被用来攻击躲在掩体后的人员，不过这并不是其主要用途。除了军队以外，美国很多执法机关也钟爱此枪，包括纽约警察局，因为它可以迅速拦截车辆，一发子弹就能打坏汽车引擎，也能打穿砖墙和水泥墙，适合城市内战斗。美国海岸警卫队还使用 M82 狙击步枪进行反毒作战，有效地打击了海岸附近的高速运毒小艇。

趣闻逸事

　　M82 狙击步枪出现在许多电影和电视剧里，如《第一滴血 4》《狙击精英：重装上阵》《拆弹部队》《迈阿密风云》和《犯罪现场调查：纽约》等。值得一提的是，大多数电影对其性能都有所夸大，有的甚至说它能打下客机。实际上 M82 狙击步枪只能打中停放着的飞机，只有超乎常人的射手才有可能在 10 发内打落（在射程内）高速飞行的飞机。

在直升机上使用 M82 狙击步枪的狙击手

在电脑游戏中，M82 狙击步枪同样频繁出现。如在网络游戏《穿越火线》中，M82A1 的威力最大，是该游戏中唯一能在穿过木门或者箱子后无须击中头部却依然能一击毙命的枪支。此外，《三角洲特种部队》《美国陆军》《潜龙谍影》《战地》《使命召唤》等电子游戏中都出现过 M82 狙击步枪。

配用子弹

M82 系列狙击步枪采用的 12.7×99 毫米北约标准机枪弹（.50 BMG）拥有一个完整的子弹系列，其中 M82 系列狙击步枪主要使用 M33 普通弹、M8 穿甲燃烧弹、M17 曳光弹、M20 APIT 穿甲燃烧曳光弹、NM173 AP-S 穿甲弹、Mk 211 Mod 0 API 穿甲燃烧弹、M1022 远程狙击弹、M903 SLAP 脱壳穿甲弹等。

M33 普通弹是 M82 系列狙击步枪的标准子弹，弹头重 45.8 克，编号 STD-OTCM 36841，无识别色。弹壳内装 15.23 克 WC 860 型双基发射药，膛压 379 兆帕，在 500 米可以击穿 8 毫米厚的钢板，在 1200 米可以击穿 4 毫米厚的钢板，用于打击无防护的人体目标。M82 系列狙击步枪早期一直使用这种子弹用于远距离狙击。M33 型普通弹的弹尖部装有约 0.8 克的一水合碳酸钠，一水合碳酸钠为白色粉末，熔点高达 851℃，性能稳定，弹头击中目标后，弹头破裂，释放出白色粉末形成烟幕，便于狙击手观察弹着点，进而修正弹道。相比而言，曳光弹要燃烧曳光剂，飞行过程中重量不断减轻，弹道性能不稳定，跟普通弹的弹道存在差异，增加了瞄准镜的修正难度。这种用烟雾标示弹着点的办法，射击精度更高。

M82 狙击步枪开火时激起的尘雾

使用 M82 狙击步枪的国际安全援助部队士兵

衍生型号

名　　称	说　　明
M82	基本型，12.7×99 毫米半自动狙击步枪，圆柱箭头形枪口制退器
M82A1	枪口制退器改为双膛 V 形（箭头形）
M82A1A	主要用于发射 Mk 211 Mod 0 型 .50 口径子弹
M82A1M	改良版，加长战术轨系统、后方滑轨和固定转轴插口
M82A2	半自动无托结构狙击步枪，一种扛在肩上的重型狙击步枪
M82A3	依照 M82A1M 规格设计的新产品，加长战术轨系统，没有后方滑轨和固定转轴插口
M107	美军对 M82 狙击步枪的正式命名，配备 Leupold 4.5×14 "Vari-X" 瞄准镜
M107A1	减轻重量，改用一个新的圆柱形钛合金枪口制动器、钛合金枪管钥匙及后坐缓冲系统
M107CQ	一种商业性质的产品，枪管缩短，适合作直升机和船舰防卫、侦察和都市近战等用途

挪威狙击手在伊拉克战场使用 M82 狙击步枪

主要用户

国　家	单　位
美国	美国军队、警察、联邦调查局人质拯救队
英国	英国军队
韩国	韩国特种部队单位
波兰	波兰军队行动应变及机动组
巴基斯坦	巴基斯坦陆军特勤组
马来西亚	马来西亚军队特种部队单位
意大利	意大利军队特种部队单位
希腊	希腊军队特种部队单位、海军陆战队
芬兰	芬兰国防军
捷克	捷克陆军特种部队单位
阿尔巴尼亚	阿尔巴尼亚陆军特种部队营
比利时	比利时国防军

装备 M82 狙击步枪的美军双人小队

挪威狙击手在雪地中使用 M82 狙击步枪

美国海军陆战队士兵使用 M82 狙击步枪

Chapter 06

霰弹枪

　　霰弹枪是指无膛线（滑膛）并以发射霰弹为主的枪械，一般外形、大小与半自动步枪相似，明显的区别是有较大口径和粗大的枪管，部分型号无准星或标尺，口径达到了18.2毫米。霰弹枪射击时的声音很大，被击中的物体呈蜂窝状。这种武器火力大、杀伤面宽，是近战的高效武器，已被各国特种部队和警察部队广泛使用。

衍生型号、服役时间和生产厂商

TOP10　温彻斯特 M1897 霰弹枪	
衍生型号	M1897 军用型
服役时间	1893 ～ 1957 年
生产厂商	温彻斯特连发武器公司是美国一家军品公司，总部位于康涅狄格州纽哈芬市

TOP9　莫斯伯格 500 霰弹枪	
衍生型号	M500 野外型、M500 特殊用途型、M500 白卫型
服役时间	1961 年至今
生产厂商	美国莫斯伯格父子公司

TOP8　弗兰基 SPAS-15 霰弹枪	
衍生型号	暂无
服役时间	1986 年至今
生产厂商	意大利路易吉·弗兰基公司

TOP7　伯奈利 Nova 霰弹枪	
衍生型号	Nova 战术型、Nova 狩猎型、Nova 改进型
服役时间	1999 年至今
生产厂商	伯奈利是意大利枪械生产商，成立于 1967 年，总部位于意大利乌尔比诺

TOP6 AA-12 霰弹枪	
衍生型号	暂无
服役时间	2005 年至今
生产厂商	美国宪兵系统公司

TOP5 Saiga-12 霰弹枪	
衍生型号	Saiga-12S、Saiga-12K、Saiga-12S EXP-01、Saiga-12K EXP-043、Saiga-12K EXP-095、Saiga-12S EXP-340
服役时间	1990 年至今
生产厂商	伊兹玛什工厂（现为卡拉什尼科夫集团）是俄罗斯的一家武器制造工厂，总部位于萨拉普尔

TOP4 M26 模组式霰弹枪系统	
衍生型号	暂无
服役时间	2008 年至今
生产厂商	C-More 系统公司是美国一家枪支和武器配件制造商，成立于 1993 年，总部位于弗吉尼亚州

TOP3 UTS-15 霰弹枪	
衍生型号	UTS-15 Desert（沙漠型）、UTS-15 Marine（海军陆战队型）、UTS-15 Hunting（狩猎型）
服役时间	2012 年至今
生产厂商	土耳其 UTAS 公司

TOP2 伯奈利 M4 Super 90 霰弹枪	
衍生型号	M1014、M4、M4 NFA
服役时间	1999 年至今
生产厂商	伯奈利是意大利枪械生产商，成立于 1967 年，总部位于意大利乌尔比诺

TOP1　雷明顿 M870 霰弹枪	
衍生型号	M870 Wingmaster、M870 Express、M870 Police、M870 Marine、M870 Mcs、M870 Tachiacal
服役时间	1951 年至今
生产厂商	雷明顿武器公司于 1816 年由伊莱弗利·雷明顿于美国纽约创立,是一家历史悠久的军事工业公司,目前已经研制并生产了大量枪械和弹药产品

武器尺寸

TOP10　温彻斯特M1897霰弹枪

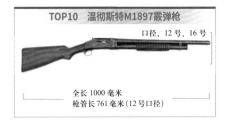

口径、12 号、16 号

全长 1000 毫米
枪管长 761 毫米(12号口径)

TOP9　莫斯伯格500霰弹枪

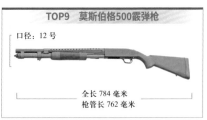

口径:12 号

全长 784 毫米
枪管长 762 毫米

TOP8　弗兰基SPAS-15霰弹枪

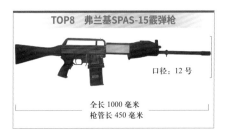

口径:12 号

全长 1000 毫米
枪管长 450 毫米

TOP7　伯奈利Nova霰弹枪

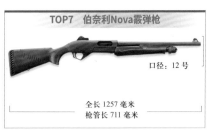

口径:12 号

全长 1257 毫米
枪管长 711 毫米

TOP6　AA-12霰弹枪

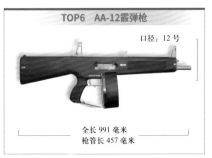

口径:12 号

全长 991 毫米
枪管长 457 毫米

TOP5　Saiga-12霰弹枪

口径:12 号

全长 1145 毫米
枪管长 580 毫米

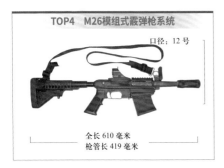

TOP4　M26模组式霰弹枪系统

口径：12 号

全长 610 毫米
枪管长 419 毫米

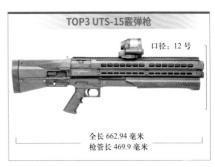

TOP3 UTS-15霰弹枪

口径：12 号

全长 662.94 毫米
枪管长 469.9 毫米

TOP2　伯奈利M4 Super 90霰弹枪

口径：12 号

全长 885 毫米
枪管长 508 毫米

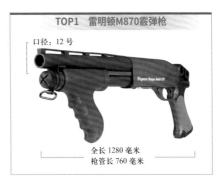

TOP1　雷明顿M870霰弹枪

口径：12 号

全长 1280 毫米
枪管长 760 毫米

基本作战性能数据对比

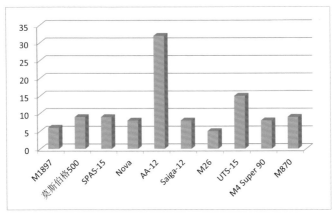

弹容量对比图（单位：发）

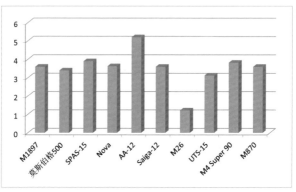

空枪重量对比图（单位：千克）

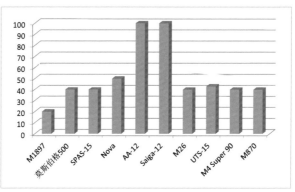

有效射程对比图（单位：米）

TOP 10 温彻斯特 M1897 霰弹枪

　　温彻斯特 M1897 霰弹枪是由美国著名枪械设计师约翰·勃朗宁设计，美国温彻斯特连发武器公司生产的泵动式霰弹枪，发射 12 号霰弹或 16 号霰弹。

排名依据

温彻斯特 M1897 霰弹枪是世界上第一种真正成功生产的泵动式霰弹枪，共生产了超过 100 万支。

研发历程

温彻斯特 M1897 是约翰·勃朗宁在温彻斯特 M1893 基础上改进而来的泵动式霰弹枪。这是世界上第一种真正成功生产的泵动式霰弹枪，从 1893 年开始生产到温彻斯特于 1957 年决定将其停产前，共生产了 100 多万支。

装上刺刀的 M1897 霰弹枪

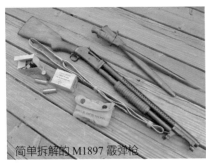

简单拆解的 M1897 霰弹枪

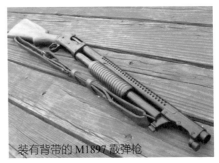

装有背带的 M1897 霰弹枪

总体设计

温彻斯特 M1897 霰弹枪是由众多温彻斯特霰弹枪中较坚固、较优秀的温彻斯特 M1893 霰弹枪改进而来的。和其前身 M1893 霰弹枪相比，M1897霰弹枪有着较厚重的机匣，并可以发射使用无烟火药的霰弹，不过在当时来说无烟火药不常见。M1897 霰弹枪在 1897 年还推出了"可拆式"设计，把枪管改为可拆式，这个设计和今天的雷明顿 M870 泵动式霰弹枪一样。

不同型号的 M1897 霰弹枪

性能解析

　　M1897 霰弹枪有许多不同的枪管长度和型号可以选择，如发射 12 号口径霰弹或 16 号口径霰弹，并且有坚固的枪身和可拆卸的附件。16 号口径的标准枪管长度为 711.2 毫米，而 12 号口径则配有 762 毫米的长枪管。特殊枪管长度可以缩短到 508 毫米或伸延到 914.4 毫米。

从下往上依次为：M1907、M1895、M1897、M1906

趣闻逸事

　　虽然 M1897 霰弹枪在一战中以"战壕霰弹枪"的身份广为人知，但早在 1899 年的美菲战争中，美国陆军就使用 M1897 霰弹枪对抗摩洛族人。

莫斯伯格 500 霰弹枪

莫斯伯格 500 霰弹枪是美国莫斯伯格父子公司专门为警察和军事部队研制的泵动式霰弹枪。

排名依据

莫斯伯格 500 霰弹枪被广泛用于射击比赛、狩猎、居家自卫和实用射击运动，也被美国国内外的许多执法机构采用。

研发历程

莫斯伯格 500 霰弹枪由莫斯伯格父子公司在 1961 年推出，被广泛用于射击比赛、狩猎、居家自卫和实用射击运动，也被美国国内外的许多执法机关采用。美军在 1966 年试验性地采购了少量莫斯伯格 500 霰弹枪后（同时也采购了雷明顿 870 霰弹枪），在 1979 年又采购了更多，后来美军中的大部分莫斯伯格 500 霰弹枪被莫斯伯格 590 霰弹枪所取代。

加装枪托、瞄准镜和战术灯的莫斯伯格 500 霰弹枪

拆解后的莫斯伯格 500 霰弹枪

⬛⬛⬛⬛⬛⭐ 总体设计

莫斯伯格 500 霰弹枪的枪管可以在不需要任何工具的情况下进行拆卸，只要通过拧松其弹舱管末端的螺丝，就能将枪管拆卸下来。其枪机锁进位于枪管顶部的大型锁耳，以确保枪机到枪管的稳固连接。扳机组件，其中包括扳机、击锤、阻铁都装载连同护圈的扳机体上，可以通过拆卸出机匣上的一个定位卡销和向下拉动的扳机护圈就能拆出来。

装备莫斯伯格 500 霰弹枪的美军士兵

莫斯伯格 500 霰弹枪的前护木可以向后拉动，使得枪机和枪机机框退出机匣。霰弹阻挡装置和断续装置将自由掉落，在机匣上只留下由各自的螺钉所固定的抛壳顶杆和手动保险。管式弹舱弹簧和托弹板可以从机匣上拧松弹舱管并拆下来，这种程度的不完全分解已经足以对所有部件进行清洁。

性能解析

　　莫斯伯格 500 霰弹枪有 4 种口径，分别为 12 号的 500A 型、16 号的 500B 型、20 号的 500C 型和 .410 的 500D 型。每种型号都有多种不同长度的枪管和弹仓、表面处理方式、枪托形状和材料。其中 12 号口径的 500A 型是最广泛的型号。莫斯伯格 500 霰弹枪的可靠性比较高，而且坚固耐用，加上价格合理，因此是雷明顿 870 霰弹枪有力的竞争对手。

莫斯伯格 500 霰弹枪及其使用弹药

　　有些人认为莫斯伯格 500 霰弹枪的结构比较松动，操作起来有零件晃动或撞击的声音，但另一些人则认为这是为了提高在恶劣环境中的可靠性而增大容留泥沙污垢空隙所致，如野战环境或在沼泽地带狩猎水禽。

> **趣闻逸事**
>
> 　　莫斯伯格 500 霰弹枪及其衍生型号在许多国家的电影、电视剧、游戏和动画片里经常出现，如电影《生化危机 2：启示录》《V 字仇杀队》《致命黑兰》等，游戏《战争前线》《幽灵行动：魅影》等。

弗兰基 SPAS-15 霰弹枪

SPAS-15 霰弹枪是由意大利易吉·弗兰基公司设计和生产的可半自动可泵动及弹匣供弹式霰弹枪（战斗霰弹枪），其采用 12 号口径霰弹。

排名依据
SPAS-15 是意大利军队现役的一款霰弹枪，被意大利特种部队和执法机关采用，其拥有着可靠的性能和强大的火力，并适合城市战。

研发历程

SPAS-15 霰弹枪的开发设计不仅是应意大利军队的要求，也是为了参加 1982 年美国三军轻武器规划委员会（JSSAP）提出的近战突击武器系统的轻武器项目而研发的。

装备 SPAS-15 霰弹枪的特战队员

SPAS-15 霰弹枪及其弹匣

自 2000 年开始，易吉·弗兰基公司决定由 SPAS-15 霰弹枪取代销量大幅下跌的 SPAS-12 霰弹枪。由于 SPAS-15 霰弹枪只会给各个执法和军事机构使用，从此以后 SPAS-15 霰弹枪就是易吉·弗兰基公司供给执法机构和军事单位的主力产品。

总体设计

SPAS-15 霰弹枪有两种操作模式。在自动模式下，采用导气式工作原理，旋转枪机在枪机框上运动。发射非致命性低威力子弹或防暴子弹时，前托锁定前面，按住枪托下方的按钮并稍微后拉可切换到滑动（泵动）式操作模式。拉机柄位于机匣上方、提把下方，提把上还装有机械瞄具。该枪提供了两个独立的保险装置，发射最后一颗子弹后，枪栓将保持打开状态，插入新弹匣后将自动将子弹上膛，这在紧急情况下可极大地提高射击速度。

拆解后的 SPAS-15 霰弹枪

性能解析

SPAS-15 霰弹枪的设计针对 SPAS-12 霰弹枪的一些缺点进行了改进，其结构和原理很像突击步枪，在外形上也跟意大利军队装备的伯莱塔 AR-70/90 突击步枪很接近。

为了提高火力，除了保留原来的导气式操作半自动装填外，还改用可拆卸的单排盒形弹匣供弹，可卸式弹匣比起传统管状霰弹枪弹仓能提高装填速度。此外，该枪还保留了既可半自动又可改用泵动的做法，允许发射膛压较低的非致命弹药。

在游戏《全球行动》中，SPAS-15 霰弹枪被命名为"SPAS15"，弹匣容量 6 发，半自动射击，在重机枪手和爆破兵的副主武器页面均可购买使用。

伯奈利 Nova 霰弹枪

Nova（新星）霰弹枪是意大利伯奈利公司在 20 世纪 90 年代后期研制的泵动式霰弹枪，其流线型外表极具科幻风格。

排名依据

Nova 霰弹枪外形设计为极具科幻风格的流线型外表，以及被执法机构和军队认可的作战性能，让其在军警队伍和民间有着很高的人气。

研发历程

Nova 霰弹枪是伯奈利公司于 20 世纪 90 年代开发的第一款泵动霰弹枪，原本是作为民用猎枪研发的，但很快就推出了面向执法机构和军队的战术型。

Nova 霰弹枪及其弹药

Nova 霰弹枪进弹口

总体设计

Nova 霰弹枪采用回转式枪机，有两个闭锁凸笋在枪管节套内闭锁。战术型的管状弹仓可装 6 发弹药，如果使用较短的霰弹，则能带更多的弹药。"新星"战术型可选用缺口式瞄准具或鬼环式瞄准具，并可在机匣顶端安装可选择的附件导轨，这种导轨便于安装各种不同的瞄准镜，如红点镜或夜视镜。

测试人员试射 Nova 霰弹枪

性能解析

Nova 霰弹枪采用独特的钢增强塑料机匣，机匣和枪托是整体式的单块塑料件，机匣部位内置有钢增强板。枪托内装有高效的后坐缓冲器，因此发射大威力的马格努姆弹时也只有较小的后坐力。托底板有橡胶后坐缓冲垫，也有助于控制后坐感。滑动前托也是由塑料制成，操作动作舒适和畅顺。

> **趣闻逸事**
>
> Nova 霰弹枪在推出时原本是作为民用，但后来伯奈利公司利用该枪优异的性能将其成功打入了执法机构和军用市场。

 **AA-12 霰弹枪**

AA-12 霰弹枪是由美国枪械设计师麦克斯韦·艾奇逊于 1972 年开发的全自动战斗霰弹枪，发射 12 号口径霰弹。

排名依据

AA-12 霰弹枪特别适用于特种部队和巡逻部队在以下情况中使用：近距离战斗、突发遭遇战、防暴行动等。

AA-12 霰弹枪所用弹药

研发历程

1972 年，美国枪械设计师麦克斯韦·艾奇逊研制了一种 12 号口径的全自动霰弹枪。当时他根据越南战争的经验，认为诸如在东南亚所常见的那种丛林环境中，渗透巡逻队的尖兵急需一种近程自卫武器，其火力和停止作用应比普通步枪大得多，又要瞄准迅速。

采用弹匣供弹的 AA-12 霰弹枪

1987 年，艾奇逊将专利权及全部图纸出售给宪兵系统公司（MPS）。其后 MPS 用上了超过 18 年时间重新设计及开发，期间原有的蓝图上有 188 个零部件需要做出修改和改进，在最后研制完成并且改称为自动突击霰弹枪。

总体设计

AA-12 霰弹枪采用与 M1928 汤姆森冲锋枪类似的顶部拉机柄，有一个延长段充当防尘盖，防止异物通过拉机柄槽进入机匣内。射击时，拉机柄不随枪机运动。快慢机柄在枪的左侧，右手扣扳机时拇指可方便地操纵快慢机，现在正设计左右手都能操作的双面快慢机柄。

AA-12 霰弹枪的准星和照门各安装在 1 个钢质的三角柱上,结构简单。准星可旋转调整高低,而照门通过一个转鼓调整风偏。设计中采用两种形式的鬼环瞄准具,其中一种外形为 "8" 字形的双孔照门,另一种是普通的单孔照门。

美军士兵试射 AA-12 霰弹枪

性能解析

AA-12 霰弹枪可以使用不同种类的 12 号口径霰弹,诸如鹿弹(狩猎大型动物所用的霰弹)、重弹头以及非致命性橡胶弹等。AA-12 霰弹枪还可以发射照明弹、信号弹,以及特殊的 FRAG-12 高爆弹药系列 [19 毫米尾翼稳定高爆弹(HE)、破甲弹(HEAP)和可以在半空中引爆的 "空爆" 碎片弹(HEAB)]。

目前的 AA-12 样枪上没有导轨系统,MPS 打算将来会增加导轨接口以方便安装各种战术附件,如各种近战瞄准镜、激光指示器或战术灯等。

趣闻逸事

AA-12 霰弹枪出现在电影《特种部队》中,是电影中唯一的一款霰弹枪,采用 20 发可拆卸式弹鼓供弹,装有枪背带,被公爵(查理·泰坦饰演)所使用。电影《新铁血战士》中,AA-12 发射 FRAG-12 高爆弹药,装有 M900 战术灯,前握把和枪背带都是迷彩涂装,被罗伊斯(阿德里安·布罗迪)使用。AA-12 霰弹枪还在电影《敢死队》的第 1~3 部中均有出现。

电影《敢死队》中出现的 AA-12 霰弹枪

Saiga-12 霰弹枪

Saiga-12 霰弹枪是由俄罗斯伊兹玛什工厂于 20 世纪 90 年代研制并生产的一种半自动霰弹枪。

排名依据

作为一种可靠又有效的近距离狩猎或近战用霰弹枪，Saiga-12 霰弹枪比伯奈利、弗兰基和其他著名的西方霰弹枪要便宜得多，并且其性能并不逊色于上述霰弹枪。

研发历程

Saiga-12 霰弹枪的结构和原理基于 AK 系列突击步枪，包括长行程活塞导气系统，两个大型闭锁凸笋的回转式枪机、盒形弹匣供弹。

总体设计

Saiga-12 霰弹枪为半自动射击，机匣和枪机组被重新设计以适应尺寸较大的突缘弹壳霰弹，单排塑料盒形弹匣的容量只有 5 发或 8 发。Saiga-12 霰弹枪根据发射弹药尺寸不同而分有"标准"和"马格南"两种设定。AK 系列突击步枪传统的开放式瞄具由安装在导气管顶端的短肋士霰弹枪瞄具所代替，也可用侧式瞄准镜架安装红点镜。

Saiga-12 霰弹枪的 12 发弹鼓

性能解析

　　Saiga-12 霰弹枪有 .410、20 号和 12 号霰弹三种口径。每种口径，都至少有三种类型，分别有长枪管和固定枪托、长枪管和折叠式枪托、短枪管和折叠枪托。后者主要适合作为保安的自卫武器，而且广泛地被很多俄罗斯执法人员和私人安全服务机构使用。该枪是可靠又有效的近距离狩猎或近战用霰弹枪。

Saiga-12 霰弹枪的弹匣

装上 EOTech 瞄准镜和前握把的 Saiga-12 霰弹枪

枪托折叠的 Saiga-12 霰弹枪

Saiga-12 霰弹枪及其弹药和弹鼓

使用弹鼓供弹的 Saiga-12 霰弹枪

拆解后的 Saiga-12 霰弹枪

趣闻逸事

　　美国市场上的 Saiga-12 霰弹枪由欧美军火公司进口，由于某种原因，该公司于 2005 年年初放弃了该枪的进口权，虽然后来有另外一家公司打算进口，但由于申请手续十分耗时，据说至今还没有办好手续，所以市面上该枪越来越少见了，价钱也水涨船高。

M26 模组式霰弹枪系统

M26 模组式霰弹枪系统是由美国陆军士兵战斗研究室于 20 世纪 90 年代研制的一种枪管下挂式霰弹枪。

排名依据

M26 具有较高的灵活性，既可下挂于 M4 卡宾枪和 M16 突击步枪下使用，也可装上手枪握把与枪托单独使用。

研发历程

20 世纪 90 年代后期，M26 的模组式设计由美国陆军士兵战斗研究室开发完成，霰弹枪部分由 C-More Systems 提供。开发目的是为士兵提供一种可安装在 M16A2 突击步枪或 M4A1 卡宾枪，可发射特种弹药如破门弹、0 号鹿弹及非致命弹药的轻型附件式武器。2008 年 5 月，M26 开始进行批量生产，并装备在阿富汗的美军部队。

美军士兵使用 M26 模组是霰弹枪

下挂于 M4 卡宾枪下的 M26

M26 开火瞬间

单独使用的 M26 抛壳瞬间

总体设计

M26 主要提供给美军的 M16 突击步枪及 M4 卡宾枪系列作为战术附件，也可装上手枪握把及枪托独立使用。

性能解析

M26 原本开发概念是 20 世纪 80 年代由士兵以截短型雷明登 870 下挂于 M16 枪管的自制 Masterkey 霰弹枪。M26 比 Masterkey 霰弹枪握持时更为舒适，采用可提高装填速度的可拆式弹匣供弹，有不同枪管长度的型号。手动枪机、拉机柄可选择装在左右两边，比传统泵动霰弹枪更为方便。枪口装置可前后调较以控制霰弹的扩散幅度及提高破障效果。

趣闻逸事

M26 在电影《敢死队 2》中，于尼泊尔行动期间下挂于李·圣诞的 M4 卡宾枪下。在电影《魔鬼终结者：未来救赎》中下挂于约翰·康纳的 M4 卡宾枪下，也单独使用。

UTS-15 霰弹枪

UTS-15 霰弹枪（Urban Tactical Shotgun 15-rounds，意为 15 发式城市战术霰弹枪）是由土耳其 UTAS 公司研制及生产的无托结构泵动式霰弹枪，发射 12 号口径霰弹。

排名依据

UTS-15 霰弹枪是一款采用了无托结构设计的作战霰弹枪，其短小的枪身增加了士兵在巷战中的灵活性，其枪身 85% 的部分都采用了碳纤维增强聚合物制造，还是第一款完全由聚合物成型制造机匣的枪械。

研发历程

早在 2006 年，美国史密斯 - 韦森（S&W）公司就意欲研发一款"终极警用霰弹枪"，S&W 公司便找到土耳其一家专门生产霰弹枪的厂商——UTAS 公司。S&W 公司提出新枪的标准是：采用 12 号霰弹，全枪长小于 762 毫米，弹匣容弹量最低 13 发。随后，UTAS 公司设计人员购买了南非特维洛武器公司 NS2000 霰弹枪的专利和样枪，经过长时间研究，只采用了原有的无托结构和双弹舱设计，其余结构由设计人员重新设计。

新枪的研发工作由 S&W 公司的专家特德·哈特菲尔德带领土耳其设计人员开展，2008 年 S&W 公司内部出现问题，遂退出了新枪的研发。但土耳其 UTAS 公司并没有停止研发，2011 年，新型霰弹枪出炉了，被命名为 UTS-15 霰弹枪。

总体设计

UTS-15 霰弹枪是一款双管式弹仓供弹的霰弹枪，使用者可以手动切换内部供弹的弹仓。其中一个管式弹仓装填 7 发弹壳长 69.85 毫米的 12 号霰弹，另一个管式弹仓装填 6 发弹壳长 76.2 毫米的 12 号霰弹。UTS-15 霰弹枪手动操作，采用泵动式（又称滑动式）枪机，与其他泵动式霰弹枪一样，可滑动的前护木通过两根操作连杆连接到枪机。

不同涂装的 UTS-15

UTS-15 霰弹枪及其弹药

UTS-15 霰弹枪又是一款采用了无托结构设计的战斗霰弹枪，这样 662.94 毫米长度的枪身都仍然有一根 469.9 毫米长度的枪管，将士兵的轮廓最小化，并增加了士兵在巷战之中的灵活性。

性能解析

UTS-15 霰弹枪的机匣是由碳纤维增强聚合物制造。为了确保快速、方便地检查枪机（例如：检查是否已经上膛，或是否需要清除偶尔的变形霰弹而造成的卡弹情况等），该枪枪身顶部设计有大开口外盖。枪管为精密机械加工和热处理 4140 型钢制造，具有镀铬的内膛，并设有内置可移除式喉锁，由具有 3 个锁耳的传统型转栓式枪机直接进入枪管节套锁定闭锁。

试射 UTS-15 霰弹枪

当 UTS-15 霰弹枪出现在市场上后，反应最快的不是各国的执法部门，而是一些游戏厂商，如《反恐精英OL》游戏中便出现了这款 UTS-15 霰弹枪，随后《战地4》和《使命召唤：幽灵》中也出现了此枪。当然，好莱坞也不甘示弱，好莱坞制作的电视剧《行尸走肉》《机器之心》中 UTS-15 霰弹枪均有出场。

UTS-15 霰弹枪本来是要凭借大容弹量、易操作性来赢得市场，但其科幻的外形却让 UTS-15 霰弹枪有了意想不到的收获。

重要配件

UTAS 公司为用户提供了很多战术附件，如备用瞄具及战术喉缩（一种安装在枪口的金属装置，内部呈锥形，用来控制弹丸的散布）等。备用瞄具与 M4 卡宾枪的备用瞄具类型一样，采用 7000 系列铝合金制固态坯料机加工制造，并且采用了哑光黑色阳极氧化表面处理，这类瞄具可调节海拔和风偏。而 UTS-15 霰弹枪的战术喉缩有两款，一款是由 4140 系列特级钢机加打造而成，并使用哑光黑色氧化物表面处理。前端是消焰器，可以有效减少枪口火焰，消焰器的头部可以作为攻击头使用，关键时刻可以砸破汽车玻璃窗或破门，这也是考虑到警察的实际需要而设计的。另一款是标准微缩口喉缩，它在装上以后仍可正常发射重战斗部以及鹿弹。

UTS-15 霰弹枪及其弹药

UTS-15 枪身左侧特写

供弹方式

UTS-15 霰弹枪使用的子弹需要通过位于手枪握把上方左右两侧的弹仓装填口装填，也可通过打开枪身后部装有铰链的机匣盖以露出双弹仓口装填，两个弹仓都可以独自装填；而空弹壳发射以后则通过右侧的抛壳口弹出，并装有一个铰链式防尘盖，在第一次射击循环以后会自动打开，对使用者的影响减到最低。

使用者可以透过位于枪身顶部、枪管后膛以上的弹仓供弹选择杆开关设置其供弹模式，位置分别为纯左弹仓供弹、纯右弹仓供弹或是左右弹仓交替供弹。打尽一边的管式弹仓以后，使用者必须要通过拨动战术导轨后方的供弹选择杆做手动改变供弹来源，然后由另一个管式弹仓继续供弹。

使用者可以灵活地先使用某一边的非致命性弹药，而标准常用的霰弹（例如鹿弹、重弹头）则用作后备或必要时使用。

UTS-15 霰弹枪装填弹药

衍生型号

名　　称	说　　明
UTS-15 Desert	UTS-15 沙漠型，采用了由沙漠砂色基础涂层和两种无眩光颜色表面所组成的数码迷彩图案，适用于沙漠地区作战
UTS-15 Marine	UTS-15 海军陆战队型，采用一种专门配制的海洋蓝色基础涂层及黑色和灰色无眩光颜色表面所组成的数码迷彩图案。为了适应海洋环境作战，弹簧具有耐腐蚀涂层，所有裸露的金属部件都使用锻面镀镍处理以具有抗海水腐蚀性
UTS-15 Hunting	UTS-15 狩猎型，设有狩猎风格的狩猎迷彩图案，用于野外狩猎活动

UTS-15 枪口部位特写　　　　　　　UTS-15 扳机部位特写

伯奈利 M4 Super 90 霰弹枪

M4 Super 90 霰弹枪是由意大利伯奈利公司设计和生产的半自动霰弹枪（战斗霰弹枪），发射 12 号口径霰弹，被美军所采用并命名为 M1014 战斗霰弹枪。

排名依据
M4 Super 90 霰弹枪拥有性能可靠的半自动发射方式，采用折叠式枪托，结构坚固，76 毫米内所有类型的子弹都能适应。

研发历程

1998 年 5 月 4 日，美国陆军军备研究、开发及工程中心正式发动招标，寻求一种于美国三军通用的新式半自动战斗霰弹枪。伯奈利公司于是设计和生产了 M4 Super 90 战斗霰弹枪。

右侧视角图

装有战术附件的 M4 Super 90 霰弹枪

使用 M4 Super 90 的美军士兵

M4 Super 90 霰弹枪射击瞬间

在 1998 年 8 月 4 日，M4 Super 90 霰弹枪样本运送到马里兰州阿伯丁试验场进行测试。经过一连串测试后，证明伯奈利 M4 Super 90 霰弹枪的性能优秀，符合竞争要求。1999 年年初，美军将其命名为 M1014 三军联合战术霰弹枪。

总体设计

M4 Super90 霰弹枪机匣顶部有 RIS 导轨，可配备多种瞄准系统。首选的标准配件是 ACOG Reflex 瞄准镜。M4 Super 90 霰弹枪的伸缩式枪托很特别，枪托可以向右倾侧，这样可以方便戴防毒面具进行贴腮瞄准。M4 Super 90 霰弹枪拥有性能可靠的半自动发射方式，折叠式枪托结构坚固。

手持 M4 Super 90 霰弹枪的士兵

性能解析

M4 Super 90 霰弹枪采用了一种被称为"自动调节气动式操作"的系统，这是一种短行程活塞传动设计，只是把气动部件分成了 4 个部分，包括两个对称的护罩包覆以及两个小型不锈钢制气动活塞。不锈钢制活塞安装于护木前端，以协助转栓式枪机能够正常地运作，这样的结构却让 M4 Super 90 霰弹枪具有极高的可靠性，并最大限度地减少故障的发生。

趣闻逸事

　　在游戏《真实计划》中 M4 Super 90 霰弹枪为伸缩枪托型，被美军和英军所采用，并分别命名为"M1014 JSCS"和"L128A1"。M1014 JSCS 只能使用机械瞄具以及发射鹿弹，而 L128A1 能使用 EOTech 全息瞄准镜以及发射鹿弹和重弹头。

重要配件

　　M4 Super 90 霰弹枪的机械瞄具为机匣后端的可调整式鬼环照门，其有助令霰弹更准确命中目标。该枪机匣顶部设有皮卡汀尼导轨，可安装光学瞄准镜、红点镜 / 反射式瞄准镜、全息瞄准镜、激光瞄准器、战术灯、夜视仪和（或）热成像仪等瞄准用配件，同时也可保留原来的瞄具。

M4 Super 90 霰弹枪扳机部位特写

M4 Super 90 霰弹枪开火瞬间

衍生型号

名 称	说 明
M4	配备 470 毫米（18.5 英寸）的枪管
M4 Entry	配备 355.6 毫米（14 英寸）的枪管
M1014	出售给美国军队的版本

测试中的 M4 Entry 霰弹枪 测试中的 M4 Super 90 霰弹枪

主要用户

国 家	单 位
安道尔	安道尔警察部队干预小组
比利时	比利时特警单位
保加利亚	保加利亚特种部队单位
克罗地亚	克罗地亚特种警察司令部、克罗地亚军队特种作战团
法国	法国军队特种作战司令部
格鲁吉亚	格鲁吉亚军队、格鲁吉亚内务部
德国	德国联邦国防军、德国联邦警察
希腊	希腊警察特别反恐单位
伊拉克	伊拉克特种作战部队
以色列	以色列国防军特种部队单位
立陶宛	立陶宛陆军特种部队单位
马来西亚	马来西亚陆军第 21 特勤组、马来西亚空军特种空勤团、马来西亚海关

（续表）

国　　家	单　　位
摩尔多瓦	摩尔多瓦内务部特种部队
菲律宾	菲律宾国家警察特别行动队
葡萄牙	葡萄牙陆军、葡萄牙海军陆战队、葡萄牙特警单位
瑞士	特种部队单位、特警单位
英国	英国军队、英国武装警察单位
美国	美国军队、美国联邦调查局人质拯救队

雷明顿 M870 霰弹枪

　　雷明顿 M870 霰弹枪是由美国雷明顿公司制造的一款泵动式霰弹枪，在军队、警队及民间市场颇为常见。

排名依据

　　M870 霰弹枪的结构紧凑、性能可靠、价格合理，在军队、警察队伍和民间市场十分常见。

研发历程

　　M870 霰弹枪是雷明顿兵工厂于 20 世纪 50 年代初研制成功的，因其结构紧凑、性能可靠、价格合理，很快就成为美国人喜爱的武器，被美国军、警采用，雷明顿兵工厂也因此成为美国执法机构和军队最喜爱的兵工厂之一。从 20 世纪 50 年代初至今，它一直是美国军、警界的专用装备，美国边防警卫队尤其钟爱此枪。

M870 霰弹枪及其携行箱

手持 M870 霰弹枪的执法人员

M870 霰弹枪被用作自卫武器

总体设计

M870 霰弹枪在底部装弹，弹壳从机匣右侧排出，管式弹舱在枪管下方，采用双动式结构、内部击锤设计，枪管内延长式枪机闭锁。M870 霰弹枪的机匣、扳机系统、保险及套筒释放钮与雷明顿 M76000 相似，部分零件可与雷明顿 1100 和雷明顿 11-87 半自动霰弹枪互换。

性能解析

M870 霰弹枪在恶劣气候条件下的耐用性和可靠性较好，尤其是改进型 M870 霰弹枪，采用了许多新工艺和新附件，如采用了金属表面磷化处理等工艺，采用了斜准星、可调缺口照门式机械瞄具，配备了一个弹容量为 7 发的加长式管形弹匣。在机匣左侧加装了 1 个可装 6 个空弹壳的马鞍形弹壳收集器，1 个手推式保险按钮，1 个三向可调式背带环和配用了 1 个旋转式激光瞄具。

M870 霰弹枪及其弹药

装有背带的 M870 霰弹枪

趣闻逸事

雷明顿 M870 霰弹枪是包括 SWAT 和美国海军陆战队的全世界各种特种部队广泛使用的近距离杀伤性武器。作为泵动装填霰弹枪在突击进入建筑或防守时有着超高的性能。这一款泵动式霰弹枪是民用的最万能的武器之一。它被用于狩猎、家庭防卫以及开锁。

配用弹药

雷明顿 M870 系列霰弹枪可以使用多种弹药，包括 12 铅径霰弹、16 铅径霰弹、20 铅径霰弹、28 铅径霰弹和 .410 bore 等。霰弹的弹壳 / 口径的单位称作"铅径"。铅径代表的是正好能够塞入枪管的铅球重量磅数的分数分母。例如 12 铅径是代表枪管正好能塞 1/12 磅的铅球，20 铅径代表枪管正好能塞 1/20 磅的铅球。此外，还有比所有铅径更小的 .410 Bore（.410 号口径霰弹），不使用铅径规格，而直接以 0.41 英寸（10.4 毫米）口径为名。

M870 霰弹枪开火瞬间

衍生型号

名　　称	说　　明
M870 Wingmaster	抛光木质枪托
M870 Express	雾珠式防滑面，缎木或合成纤维护木
M870 Marine	合成纤维护木及镀镍金属零件
M870 MCS	可以依照不同需求快速进行改装枪管、弹匣管与枪托，主要用于都市战与破门袭击用途
M870 Police	烤蓝或磷酸盐制作，缎木或合成纤维护木
M870 Tactical	全黑色调，18 寸或 20 寸枪管，三种不同枪托供选择

M870 Wingmaster 霰弹枪

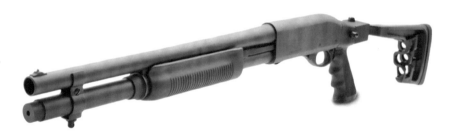

M870 Express 霰弹枪

M870 Police 霰弹枪

主要用户

国　家	单　位
美国	美国军队、特勤局、联邦调查局、边境巡逻队、教育部、法警局、国家税务局等
英国	英国军队、武装警察单位、国防部警察
土耳其	土耳其特种部队司令部
泰国	泰国军队、警察
瑞士	瑞士陆军、特警单位
瑞典	瑞典国防军
西班牙	西班牙军队、特警单位
新加坡	新加坡军队、警察部队
波兰	波兰军队行动应变及机动组、警察单位

（续表）

国　　家	单　　位
马来西亚	马来西亚军队、警察、监狱署、入境处
日本	日本陆上自卫队特殊作战群、特殊急袭部队、海上保安厅
意大利	意大利国家警察中央保安行动局、陆军第九伞降突击团
以色列	以色列国防军、国境警察特勤队

手持 M870 霰弹枪的美国海岸警卫队成员

采用抛光木质枪托的 M870 霰弹枪

美国海军陆战队士兵使用 M870 霰弹枪练习射击

Chapter 07

机　枪

　　机枪是过去 100 年战场上最主要、最重要的武器之一。两次残酷无情的世界大战中，机枪代表着火力，是胜利的筹码。这种武器对人类发动战争的方式产生了深远影响。虽然目前已有许多威力更大、技术更好的武器，但机枪的作用仍不可小觑。

衍生型号、服役时间和生产厂商

TOP10　Negev 轻机枪	
衍生型号	Negev SF、Negev NG7
服役时间	1997 年至今
生产厂商	以色列军事工业公司是以色列著名的国防武器制造商，主要为以色列国防军提供小型武器和弹药，外销至世界其他多个国家，其主要客户有美国军队和其他北约成员国

TOP9　Ultimax 100 轻机枪	
衍生型号	Ultimax 100 Mk 3、Ultimax 100 Mk 4、Ultimax 100 标准型、Ultimax 100 伞兵型
服役时间	1985 年至今
生产厂商	新加坡技术动力公司

TOP8　RPD 轻机枪	
衍生型号	RPDM
服役时间	1944 年至今
生产厂商	科夫罗夫基础设计局

TOP7　HK MG4 轻机枪	
衍生型号	MG4E、MG4KE
服役时间	2001 年至今
生产厂商	黑克勒·科赫是德国的一家枪械制造公司，其总部位于巴登 - 符登堡州的内卡河畔奥伯恩多夫，在美国也有分部

TOP6　RPK 轻机枪

衍生型号	RPKS、RPKS-N、RPKM、RPK-74
服役时间	1959 年至今
生产厂商	伊兹玛什工厂（现为卡拉什尼科夫集团）是俄罗斯的一家武器制造工厂，总部位于萨拉普尔

TOP5　M60E3 轻机枪

衍生型号	暂无
服役时间	1958 年至今
生产厂商	美国萨科防务公司

TOP4　M60 通用机枪

衍生型号	M60E1、M60E2、M60C、M60D、M60E3、M60E4
服役时间	1957 年至今
生产厂商	美国萨科防务公司

TOP3　FN Minimi 轻机枪

衍生型号	F89、C9、C9A1、C9A2、Ksp 90、Ksp 90B、Pindad SM3、K3、XM249
服役时间	1982 年至今
生产厂商	FN 公司（Fabrique Nationale d'Armes de Guerre）一般称为"Fabrique Nationale"，简称 FN 公司，其没有正式中文译名，字面直译为"赫尔斯塔尔国有工厂"。FN 是比利时的一家枪械研制与生产公司，主要研制各类枪械与子弹

TOP2　Mk 48 轻机枪

衍生型号	Mk 48 Mod 1、Mk 48 Mod 2、Mk 48 Mod 2
服役时间	2003 年至今
生产厂商	FN 公司（Fabrique Nationale d'Armes de Guerre）一般称为"Fabrique Nationale"，简称 FN 公司，其没有正式中文译名，字面直译为"赫尔斯塔尔国有工厂"。FN 是比利时的一家枪械研制与生产公司，主要研制各类枪械与子弹

TOP1　M249 轻机枪	
衍生型号	M249 PIP、M249 伞兵型、M249 特种用途型
服役时间	1984 年至今
生产厂商	FN 公司一般称为 "Fabrique Nationale"，简称 FN 公司，其没有正式中文译名，字面直译为 "赫尔斯塔尔国有工厂"。FN 是比利时的一家枪械研制与生产公司，主要研制各类枪械与子弹

 武器尺寸

TOP10　Negev轻机枪

口径 5.56 毫米

全长 1020 毫米
枪管长 460 毫米

TOP9　Ultimax 100轻机枪

口径 5.56 毫米

全长 1024 毫米
枪管长 508 毫米

TOP8　RPD轻机枪

口径 7.62 毫米

全长 1037 毫米
枪管长 521 毫米

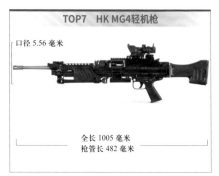

TOP7　HK MG4轻机枪

口径 5.56 毫米

全长 1005 毫米
枪管长 482 毫米

TOP6　RPK轻机枪

口径 7.62 毫米

全长 1040 毫米
枪管长 590 毫米

TOP5　M60E3轻机枪

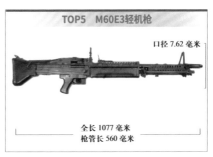

口径 7.62 毫米

全长 1077 毫米
枪管长 560 毫米

TOP4　M60通用机枪

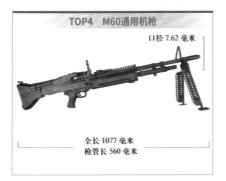

口径 7.62 毫米

全长 1077 毫米
枪管长 560 毫米

TOP3　FN Minimi轻机枪

口径 5.56 毫米

全长 1038 毫米
枪管长 465 毫米

TOP2　Mk 48轻机枪

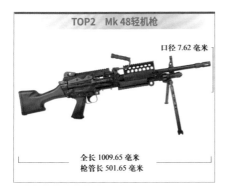

口径 7.62 毫米

全长 1009.65 毫米
枪管长 501.65 毫米

TOP1　M249轻机枪

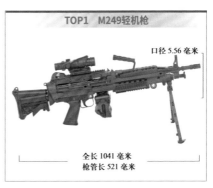

口径 5.56 毫米

全长 1041 毫米
枪管长 521 毫米

基本作战性能数据对比

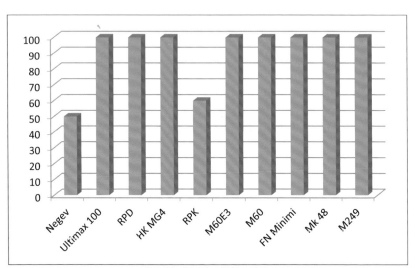

弹容量对比图（单位：发）

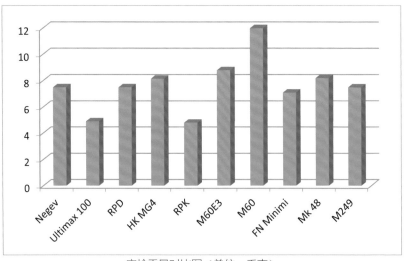

空枪重量对比图（单位：千克）

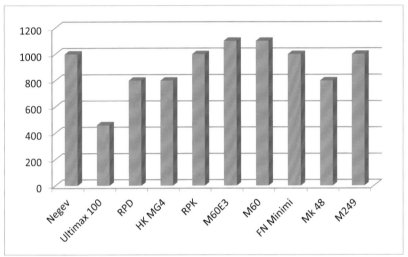

有效射程对比图（单位：米）

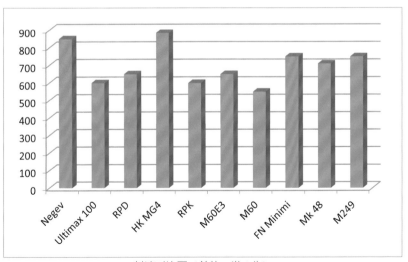

射速对比图（单位：发 / 分）

Negev 轻机枪

Negev 轻机枪是由以色列军事工业（IMI）公司设计生产的，有着极好的可靠性及极高的射击精度，目前是以色列国防军的制式多用途轻机枪。

排名依据

Negev 轻机枪使用的枪托可折叠存放或展开，这让 Negev 轻机枪可以满足多种任务需求，该枪除了作为单兵携行的轻机枪外，还可以用于车辆、飞机和舰船上。

研发历程

1990 年，以色列的军队，包括徒步士兵、车辆、飞机和船舶装备的机枪是 FN MAG58。虽然该机枪的通用性极好，但作为单兵武器来说，该枪还是显得太笨重，不便于士兵的携带。因此，以色列国防军需要寻找一种新型的便于携带的轻机枪，来增强步兵分队的压制火力。按照军方的要求，以色列军事工业公司为他们打造了一款新型的轻机枪——Negev 轻机枪。

Negev 轻机枪射击画面

射击场上的 Negev 轻机枪

射击结束后的 Negev 轻机枪

Negev 轻机枪及其弹链

总体设计

  Negev 机枪的一大特点是气体调节器有 3 个调整位置，在普通情况下设在位置 1，射速约 650 ～ 800 发 / 分；位置 2 是在实战中长时间射击后而没有及时擦拭武器时，用于增大导气孔的气体流量的，另外也可以用作提高射速（提高到 800 ～ 950 发 / 分）；位置 3 是用于切断导气孔，是在发射枪榴弹时使用的。Negev 轻机枪强身重量轻，射击精度较高，在沙漠环境中的可靠性也比它的对手 Minimi 机枪更为可靠。另外，Negev 轻机枪的枪托还可以折叠。

性能解析

Negev 轻机枪使用的枪托可折叠存放或展开，这个灵活性已经让 Negev 轻机枪能适合多种角色，如传统的军事应用或在近距离战斗使用中。该枪除了作为单兵携行的轻机枪之外，它还可以用于车辆、飞机和船舶上。但是，以色列国防军在此类平台上使用武器还是优先考虑的 FN MAG58，因此 Negev 轻机枪主要还是装备步兵分队。

> **趣闻逸事**
>
> 除了作为单兵携行的轻机枪外，IMI 公司还为 Negev 轻机枪提供了车辆、飞机和船舶上的专用射架，使 Negev 轻机枪成为一种多用途武器。但是由于预算的原因，以色列国防军目前仍在使用 FN MAG58 用作坦克、装甲车、直升机、舰艇等各种平台上的火力支援武器，因此 Negev 轻机枪主要还是装备步兵分队。

TOP 9 — Ultimax 100 轻机枪

Ultimax 100 轻机枪是由新加坡技术动力公司生产的，是新加坡军队的制式轻机枪，作为班用支援武器使用。

排名依据
新加坡的 Ultimax 100 轻机枪是世界上重量最轻，而命中率却最高的班用轻机枪之一。

 研发历程

美国枪械设计师詹姆斯·沙利文是一位能力出众的人物，领导过包括斯通纳在内的许多著名的轻武器设计师，他所参与的轻武器研究有著名的 M16 突击步枪。

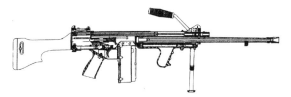

Ultimax 100 轻机枪结构示意图

1978 年，詹姆斯·沙利文在新加坡军方的委托下，与另一位设计师鲍伯·沃德菲尔德一起设计了一款轻机枪。1979 年 6 月，新加坡军方对该新型轻机枪进行了测试，于 1981 年定型，并命名为 Ultimax 100 轻机枪。

使用 Ultimax100 轻机枪的新加坡士兵

总体设计

Ultimax100 轻机枪采用气动、开放式枪机，将部分的射击瓦斯导入枪管上方的瓦斯汽缸，利用瓦斯的压力使活塞后退来打开枪机，进而发射子弹。该枪在同等级 5.56 毫米机枪中的后坐力是最低的，因此在射击时可以轻易地保持枪支的稳定性，并也可将其枪托拆下射击。

展览中的 Ultimax 100 轻机枪

枪机部位特写

武器展上的 Ultimax 100 机枪

新加坡 Ultimax 100 轻机枪是世界上重量最轻，而命中率是最高的班用轻机枪之一。Ultimax 100 轻机枪采用旋转式枪机闭锁系统，枪机前端附有微型闭锁凸耳，只要产生些许旋转角度便可与枪管完成闭锁。该枪最特别之处是它采用恒定后坐机匣运作原理，枪机后坐行程大幅度加长，令射速和后坐力比其他轻机枪低，但射击精度要高。

趣闻逸事

Ultimax 100 轻机枪于 1982 年开始装备新加坡武装部队，另外包括菲律宾、印度尼西亚、津巴布韦、克罗地亚、洪都拉斯和秘鲁等众多国家的正规军队都在使用，美国海豹突击队和以色列特种部队也有少量使用。

8 TOP RPD 轻机枪

RPD 轻机枪是由瓦西里·捷格佳廖夫设计的一款实用型轻机枪，虽然于 20 世纪 60 年代停产，但在埃及、巴勒斯坦等国仍然在服役。

排名依据

RPD 轻机枪是捷格加廖夫在 DP/DPM 轻机枪的基础上进行改进的一款结构独特的轻机枪，一经推出后便深受苏联士兵的喜爱。

⬛⬛⬛▶ 研发历程

　　苏联军队机械化建设日新月异，过去只适合静态阵地战的重机枪，并不适用运动作战。虽然苏联军队也装备了一些轻机枪，如 DP/DPM 轻机枪，但其重量仍然让步兵们感到携带吃力，鉴于此，苏联军队迫切需要一种能够紧随步兵实施行进间火力支援的轻便机枪。根据这个要求，捷格加廖夫设计出了一种结构独特的轻机枪——RPD 轻机枪。

装有两脚架的 RPD 轻机枪

使用 RPD 轻机枪的埃及士兵

使用 RPD 轻机枪的美国海军陆战队士兵

左侧视角

试射 RPD 轻机枪

大量报废的 RPD 轻机枪

总体设计

RPD 拥有两根可以叠起来的脚架。其弹药从弹鼓中透过一条 100 发子弹的金属弹链输送。弹鼓装在机匣下方,弹链从左边进入机匣。RPD 使用 7.62×39 毫米子弹,但因使用专门的金属弹链来给弹,并无法直接使用一般步枪的弹匣。枪托和手柄是木质的,其余部分是钢质的。在制动机制方面,RPD 采用瓦斯气压传动式,在枪机左右两侧各有一凸耳,利用这两个凸耳,使枪机与枪机容纳部位完成闭合。

性能解析

RPD 轻机枪瞄准装置由圆柱形准星和弧形表尺组成。准星可上下左右调整,两侧有护翼。表尺有 U 形缺口照门,表尺板上刻有 10 个分划,每个分划代表 100 米距离。另外,该枪还设有横表尺用以修正方向,转动移动螺杆可使照门左右移动。该枪是第一种使用 7.62×39 毫米子弹的机枪,与 SKS 半自动步枪及 AK-47 突击步枪所使用的弹药相同。

趣闻逸事

在游戏《使命召唤 OL》中,RPD 轻机枪是让敌人非常头疼的轻机枪之一。其伤害为 40,射速不快,所以可以轻松地压枪然后作为一把远程武器。RPD 的机械瞄准很简洁,如果能卡点射击,可给敌人极大威慑。RPD 还可以加上穿甲弹,对载具伤害从 40 变成 55,所以可以很快地攻击掉对方的载具,在 PVE "绝境求生" 模式中比较实用。

HK MG4 轻机枪

HK MG4 轻机枪（原本称为 MG43，在正式装备德国军队后命名为 MG4）是 HK 公司设计和生产的一款轻机枪，目前有 3 种型号，即 MG4（标准型）、MG4E（出口型）和 MG4KE（短枪管出口型）。

排名依据

HK MG4 轻机枪是 HK 公司在综合对比了多种武器的优缺点之后研制的一款新型班用武器。MG4 轻机枪还是德国未来士兵系统中的一部分。

研发历程

早在 1964 年，HK 公司便发展了 G3 武器系统的一个环节，研发使用了 5.56×45 毫米 M193 子弹的 HK33 自动步枪与此枪为基础的班用武器 HK13 5.56 毫米轻机枪和 HK21 7.62 毫米通用机枪等产品。不过，这些班用武器均存在供弹结构上的缺陷。在新型班用武器的研发中，HK 公司舍弃了以前班用武器的设计风格，运用了全新的设计思路。研发之初，HK 公司就对各国的各种武器进行了对比与分析，而且将从中吸取的优点运用至新型班用武器上。HK 公司以"HK MG43"的名称命名研发的新型班用武器。

使用 MG4 轻机枪的德国士兵

MG4 轻机枪（上）与 HK121 机枪（下）

总体设计

  MG4 轻机枪的导气装置在枪管的下方，其设计有些类似于 G36 的导气装置。枪管可以快速拆卸和更换。回转式枪机设计，弹链可以装在塑料弹箱上随枪携带，弹链从左向右送入机匣，而空弹壳则会通过机匣底部的抛壳口抛出。MG4 轻机枪配有可折叠的两脚架，并有标准的 M2 式轻型三脚

  2001 年，HK 公司把试制成功的 HK MG43 机枪介绍给德国军队，德军很快对此枪进行了各项实验，并给此枪"MG4"的实验名称。"MG4"意味着此枪为制式机枪 MG3 的后续产品。为了适应千变万化的国际形势，德国军队加速试验，2004 年正式选中 HK MG43 机枪为制式武器，并定名为"MG4"。

架和车载射架的接口。塑料枪托可向左折叠，枪托折叠后也不影响枪的操作。MG4 轻机枪在机匣顶部有皮卡汀尼导轨，机械瞄准具的照门座就安装在这段导轨上，但一般不需要拆卸。表尺射速可达 1000 米。准星在枪管上，不使用时可以向下折叠。可折叠的拉机柄在机匣右侧。两手均能操作的保险杆位于握把上方，MG4 只能进行全自动射击。

 性能解析

HK MG4 轻机枪把重量轻，左右手皆可操控作为设计主旨，可通过导轨加装各种战术配件，并可通过安装三脚架提高射击精度。HK MG4 轻机枪与 FN Minimi 轻机枪比较相似，同样采用气动式原理及转拴式枪机，但弹壳从机匣底部排出。该枪机匣顶部装有皮卡汀尼导轨用以安装瞄准镜等附件，配冷锻可快拆式枪管，其纯弹链供弹式设计需把弹箱或弹袋挂在机匣左面。

┌─ 趣闻逸事 ─────────────────────────────────

　　由于 HK MG 轻机枪有很多方面和 FN Minimi 轻机枪很类似，因此被形容为保守的设计，所以虽然是新枪，但不如同一展台上的 G36 受欢迎。HK MG43 与 FN Minimi 轻机枪一同争夺英国国防部的轻机枪订单，但最终落败于 FN Minimi 轻机枪。

└──

 RPK 轻机枪

RPK 轻机枪是由苏联枪械设计师卡拉什尼科夫设计的，虽然已有近 50 年的历史，但仍是世界多国的主要装备之一。

排名依据

RPK 轻机枪是以 AKM 突击步枪为基础发展而成的，它具有重量轻、机动性强和火力持续性好的特点。与 AKM 突击步枪相比，RPK 轻机枪的枪管有所增长，增大了枪口初速。

||||▷ 研发历程

卡拉什尼科夫设计的 AK-47/AKM 突击步枪采用 M-43 式 7.62×39 毫米中间型威力子弹，突出特点是动作可靠，故障率小，能在各种恶劣的条件下使用，而且武器操作简便，连发时火力猛。其优异的性能，再加上当时兴起的"枪族化"发展趋势。卡拉什尼科夫在 AKM 突击步枪的基础上发展出了班用轻机枪，这便是后来享誉世界的 RPK 轻机枪的雏形。1959 年，苏联军队正式采用该枪，定名为 RPK，即是俄语"卡拉什尼科夫轻机枪"的缩写。

RPK-74 轻机枪

采用弹鼓供弹的 RPK 轻机枪

||||▷ 总体设计

RPK 枪托、护木和握把采用树脂合成材料。膛室和枪膛都经过了镀铬处理，以尽可能降低磨损。弹匣改用轻合金，与原来的钢弹匣可以通用，后期还研制了一种玻璃纤维塑料压模成型的弹匣，与之前的弹匣完全通用。沿用 AKM 突击步枪上著名的冲铆机匣，枪支内部的冲压件比例大幅度提高，并把铆接改为焊接，如枪管节套和尾座是点焊在 1 毫米厚的 U 形机匣上，机框－枪机导轨也是冲压件，并点焊在机匣内壁上。

使用 RPK 轻机枪进行训练的士兵

性能解析

　　RPK 轻机枪是以 AKM 突击步枪为基础发展而成的，它具有重量轻、机

动性强和火力持续性好
的特点。与 AKM 突击
步枪相比，RPK 轻机枪
的枪管有所增长，增大
了枪口初速。RPK 轻机
枪还配备了折叠的两脚
架以提高射击精度，由
于射程较远，其瞄准具
还增加了风偏调整。

趣闻逸事

　　RPK 轻机枪在游戏《穿越火线》中为收费枪，弹匣容量 100 发，破坏力强大，可以进行点射，适合于所有模式和绝大部分的地图。在游戏《逆战》中，RPK 轻机枪为免费武器，适用于保卫模式和机甲模式，在此游戏中，此枪后坐力稍大，对于小型目标的精确性较低。

M60E3 轻机枪

M60E3 轻机枪是由美国萨科防务公司生产的, 是 M60 通用机枪的改进版, 目前已成为一种重量更轻、用途广泛的轻机枪。

排名依据
M60E3 轻机枪是 M60 通用机枪的改进型, 解决了 M60 通用机枪更换枪管的困难、重量过大等问题。

研发历程

M60 通用机枪是美军在越南战场中的制式机枪, 因其火力持久而颇受美军士兵爱戴, 但它的缺点也很多, 包括更换枪管困难、归零困难和重量过大等。为了改善 M60 通用机枪, 1980 年, 萨科防务公司根据美国海军陆战队对轻机枪的要求, 在 M60 通用机枪的基础上研发了一款新型机枪, 命名为 M60E3 轻机枪。

使用 M60E3 轻机枪进行射击的美军士兵

练习使用 M60E3 轻机枪的士兵

总体设计

M60E3 轻机枪于 1985 年开始装备美军，装备共 2 万多挺，其他国家也有少量装备。目前，美国已经不再生产 M60E3 轻机枪。

M60E3 轻机枪标配枪管是重量轻的突击枪管。此外，还有两种枪管可供选择，一种是重量轻长度短的枪管，供突击和需要灵活机动的任务使用；还有一种重枪管，用于需要持续射击的任务。

固定在三脚架上的 M60E3 轻机枪

性能解析

M60E3 机枪与原型的 M60 机枪一样是轻重两用机枪，但主要是作为地面部队的轻型机枪使用，虽然 M60E3 机枪改进了 M60 机枪的许多缺点，并减轻了射手的负荷，但减轻重量是要以限制陆战队员的持续火力为代价的新的轻型枪管只能够持续速射 100 发弹。如果持续速射 200~300 发弹而不更换枪管会严重损坏枪管，因此安全的战斗射速往往达不到一分钟 200 发。

　　M60E3 轻机枪的主要部件可与 M60 机枪互换，生产商还提供了一套 M60E3 机枪转换工具包，可以将任何形式的 M60 机枪改装成 M60E3 型。M60E3 机枪改用直径较小的轻型枪管，以减轻枪身重量，并采用新的消焰器。该枪还采用了冬用扳机护圈，即使射手戴保暖手套也可射击。

　　自从 M60E3 轻机枪出现以后，美国海军海豹突击队一直就把 M60E3 用作单兵携带轻机枪，直到 M60E4 轻机枪的出现。

M60 通用机枪

　　M60 机枪是美国萨科防务公司生产的一款通用武器，20 世纪 50 年代末开始在美军服役，直到现在仍是美军的主要步兵武器之一。

排名依据
M60 机枪由于火力持久而颇受美军士兵爱戴，获得多国军队采用，甚至在越南战争的 UH-1 直升机机身图腾上也有 M60 机枪的踪影。

研发历程

　　二战结束后，美国从战场上缴获了大量的德军枪械，使美国春田兵工厂从这些枪械中吸取了不少的设计经验。在参考 FG42 伞兵步枪和 MG42 通用机枪的部分设计之后，再结合桥梁工具与铸模公司的 T52 计划和通用汽车公司的 T161 计划，产生了全新的 T161E3 机枪（T 为美军武器试验代号）。1957 年，T161E3 机枪在改进后正式命名为 M60 通用机枪，用以取代老旧的 M1917 及 M1919 重机枪。

在舰船甲板上用 M60 机枪射击的美军士兵

安装在装甲车上的 M60 机枪

总体设计

　　M60 机枪的枪管首次采用了衬套式结构；机匣、供弹机盖等都采用冲压件，枪内还广泛采用减少摩擦的滚轮机构；枪机组件由机体、击针、枪机滚轮、拉壳钩、顶塞等组成；该枪准星为片状，固定式；该枪主要发射北约 7.62 毫米子弹，也可发射 7.62 毫米穿甲弹和训练弹。

使用 M60 机枪进行训练的士兵

M60 通用机枪采用导气、气冷、开放式枪机设计,导气管固定在可更换的枪管上。枪管上附有两脚架,也可安装 M2 三脚架及 M122 三脚架。在调整立式标尺后,可有效命中 200 米移动点目标及 600 米静止点目标,对 1500 米的目标可提供压制火力。

该枪总体来说性能还算优秀,但也有一些设计上的缺陷,如早期型 M60 机枪的机匣进弹有问题,需要托平弹链才能正常射击。而且该枪的重量较重,不利于士兵携行,射速也相对较低,在压制敌人火力点时有点力不从心。

趣闻逸事

M60 机枪由于火力持久而颇受美军士兵爱戴,获得多国军队采用,甚至在越南战争的 UH-1 直升机机身图腾上也有 M60 机枪的踪影。但随着多种相同功用机枪的出现及轻兵器小口径化,M60 机枪的设计已显得过时,除部分特种部队外,美军以 M240 机枪作取代,而 M60B/C/D 车载型及航空机枪则仍旧在使用。

FN Minimi 轻机枪

FN Minimi 轻机枪是由 FN 公司设计并生产的，目前被世界多国采用并作为制式装备，美国著名的 M249 轻机枪就是改型于它。

排名依据

FN Minimi 轻机枪的机匣寿命为 10 万发，枪机为 5 万 ~6 万发使用寿命，全枪连同 200 发弹箱重 10 千克，比 M60 通用机枪更轻，只需一人携带、操作即可。目前，共有 20 多个国家采用 FN Minimi 轻机枪。

研发历程

20 世纪 70 年代初期，北约各国的主流通用机枪发射 7.62×51 毫米 NATO 子弹。FN 公司设计 FN Minimi 轻机枪时，原本也打算发射这种子弹。但为了推广本公司新研发的 5.56×45 毫米 SS109 子弹，使其成为新一代北约制式子弹，所以在加入美国陆军举行的班用自动武器评选（SAW）时，将 FN Minimi 轻机枪改为发射 5.56×45 毫米 SS109 子弹。

装有两脚架和光学瞄准镜饿 FN Minimi 轻机枪

展览中的 FN Minimi 轻机枪

装备 FN Minimi 轻机枪的士兵

总体设计

FN Minimi 轻机枪是 FN 公司当时的新设计，开、闭锁动作由机框定型槽通过枪机导柱带动枪机回转而完成。由于枪机闭锁于枪管节套中，故可减小作用于机匣上的力。机框直接连接在活塞杆上，两者一起运动，机匣内侧的两根机框导轨确保机框和枪管对正的作用。子弹击发后，在火药气体压力作用下，活塞、机框后坐，而枪机则要等到机框上的开锁斜面开始起作用之后方能运动。在此期间，膛压逐渐下降。当机框开锁斜面开始带动枪机开锁时，膛压几乎与大气压相等，故弹壳不会因此紧贴于弹膛壁上。抽壳动作在枪机回转开锁完成之后才开始进行。

性能解析

FN Minimi 轻机枪为导气式自动武器，开膛待击的方式可以使枪膛迅速散热，防止子弹自燃。导气箍上有一个旋转式气体调节器，是在 MAG 机枪的气体调节器的基础上发展而成的，有三个位置可调：一个为正常使用，可以限制射速，以免弹药消耗量过大；一个位置为在复杂气象条件下使用，通过加大导气管内的气流量，减少故障率，但射速会增高；另一个位置是发射枪榴弹时用的。用眼睛或用手摸均可以很容易地识别这些位置，即便在枪管灼热的情况下也可用手去调整。

FN Minimi 轻机枪快速射击画面

FN Minimi 轻机枪的机匣寿命为 10 万发，枪机为 5 万～6 万发使用寿命，全枪连同 200 发弹箱重 10 千克，比 M60 通用机枪更轻，只需一人携带、操作即可。FN Minimi 轻机枪被美军选定为制式武器装备部队后，FN Minimi 轻机枪名扬天下，除美国和比利时外，加拿大、澳大利亚等 20 多个国家也采用了 FN Minimi 轻机枪或 M249 轻机枪。

趣闻逸事

美军在 1982 年 2 月 1 日正式装备 FN Minimi 轻机枪并命名为 M249 轻机枪，但因当时出现可靠性问题，实际上在 20 世纪 80 年代后期才全面装备。美军的 M249 轻机枪由 FNMI（FN 美国分公司）生产，并衍生出了多种版本，如 M249 PIP、M249 SPW 及 Mk 46 MOD 0 等。

配用弹药

FN Minimi 轻机枪有两种供弹方式可供选择，一是由 5.56×45 毫米北约标准子弹组成的可散式金属弹链，二是北约标准的 20/30 发 STANAG 弹匣。弹链从机匣左面的弹链供弹口进入时，在弹链供弹口下面的弹匣供弹口活门会封闭以防止错误操作，而当采用弹匣时需手动打开活门。由于采用小口径弹药，FN Minimi 轻机枪的重量比 7.62×51 毫米口径的 M60 通用机枪轻得多，可靠性也比较高，更适合作班用支援武器。

挪威乡土防卫队装备的 FN Minimi 轻机枪

衍生型号

名　　称	说　　明
F89	澳大利亚合法授权生产的 Minimi
C9	加拿大合法授权生产的 Minimi，装有钢质管型枪托
C9A1	加拿大 C9 改进型，装有 ELCAN C79 瞄准镜（3.4 倍放大率）
C9A2	加拿大 C9 升级改进型，装有多种战术配件及 ELCAN C79A2 瞄准镜
C9	新西兰合法授权生产的 Minimi，装有钢质管型枪托
Ksp 90	瑞典合法授权生产的 Minimi，装有钢质管型枪托
Ksp 90B	瑞典合法授权生产的伞兵型 Minimi，装有短枪管、伸缩枪托及战术导轨
Pindad SM3	印度尼西亚合法授权生产的 Minimi，装有钢质管型枪托
K3	韩国的本土仿制品
XM249	参选美国班用自动武器时的版本

装备 Ksp 90B 轻机枪的瑞典士兵

加拿大士兵使用 C9 轻机枪

主要用户

国　　家	单　　位
比利时	比利时陆军、比利时空军
加拿大	加拿大军队
法国	法国陆军
希腊	希腊陆军、希腊陆军特种部队
意大利	意大利军队
荷兰	荷兰陆军
波兰	波兰军队行动应变及机动组
土耳其	土耳其陆军特种部队
英国	英国陆军、英国海军
美国	美国军队、联邦调查局人质拯救队、缉毒局
阿根廷	阿根廷海军陆战队
以色列	以色列国防军
日本	日本陆上自卫队
拉脱维亚	拉脱维亚陆军
澳大利亚	澳大利亚国防军

装备 FN Minimi 轻机枪的法国士兵

装备 FN Minimi 轻机枪的澳大利亚特种兵

拉脱维亚陆军士兵使用 FN Minimi 轻机枪

Mk 48 轻机枪

　　Mk 48 轻机枪是由 FN 公司和美国特种作战司令部联手打造的，目前，主要在美国特种部队中服役，其中包括"绿色贝雷帽"、三角洲特种部队和美国海军特种作战研究大队等。

排名依据
Mk48 轻机枪由 FN 公司和美国特种作战司令部联手打造，是根据军队的使用需求而逐步改进的一款机枪。目前，Mk48 轻机枪被美国多支特种部队采用。

研发历程

　　进入 20 世纪 90 年代后，美国陆军以 M240B 通用机枪全面取代了 M60 通用机枪，但美国海军特种部队对该机枪的战术性能并不看好，所以于 2000 年提出了新的轻机枪计划。同年 3 月，美国特种作战司令部批准了该计划，并于 9 月下旬向 FN 公司提出新机枪的研制要求。随后，FN 公司以 Mk 46 轻机枪为原型，将其口径增大到 7.62 毫米，形成了 Mk 48 轻机枪。

在阿富汗手持 Mk 48 机枪的美军士兵

美军士兵携带的 Mk 48 轻机枪及其弹链　　　　　美军小队使用 Mk 48 轻机枪

 **总体设计**

　　Mk 48 轻机枪采用导气式原理，弹链式供弹，导气系统没有调节功能。该轻机枪采用标准的 7.62 毫米可散式金属弹链，不能用弹匣供弹，弹链可放在能挂在枪身下的 100 发弹袋或弹箱中（和 Mk 46 MOD 0 一样）。枪管可以快速更换，并有一个提把用于卸下灼热的枪管。机匣寿命达到 10 万发，MRBS（射击中断故障时的平均弹数）为 9700 发。

装备 Mk48 轻机枪的美军士兵

　　Mk 48 轻机枪的最大好处是比同为 7.62 毫米口径的 M240/FN MAG 机枪的重量还要轻，而零部件则与 M240 和 Mk46 MOD 0 通用（80% 与 M249/Mk46 通用），加上皮卡汀尼导轨系统，能配备各种不同的瞄准具和 SOPMOD 全部配件，将来还会开发 Mk 48 MOD 0 的消声器。Mk 48 轻机枪能提供比 Mk46 MOD 0 和 M249 SAW 更强的火力（射程和终点效能），而且比 M240 更轻，比 Mk 43 MOD 0 更可靠。

性能解析

为了提高战术性能，Mk 48 轻机枪在枪机上安装有 5 条战术导轨，能够安装各种枪支战术组件，两脚架连接在导气活塞桶上，为内置整体式，并有连接三脚架的配接器。该枪的枪托为固定聚合物枪托，也有一些型号的 Mk 48 轻机枪使用了伞兵型旋转伸缩式管形金属枪托。该枪枪机上装有提把，能够在不使用辅助设备的情况下快速更换枪管，这种设计对因长时间射击而变热的机枪枪管来说非常实用，能够增大机枪耐用性。

手持 Mk 48 轻机枪的海豹突击队队员

趣闻逸事

与现有的 M240 轻机枪相比，MK48 轻机枪特点鲜明。Mk48 比 M240 轻便许多，M240 重 12.47 千克，在多山的阿富汗非常不利于携带，也难以在巷战中灵活地提供火力支援。因此，即便 MK48 在使用寿命和耐久性方面比 M240 弱上一筹，它还是以轻便灵活、后坐力小、操作简单等优势获得了官兵们的认可。海豹突击队退役上士戴弗霍尔对它的评价是"易于操作和拆解""非常非常可靠"。

重要配件

Mk 48 轻机枪可以利用皮卡汀尼导轨安装各种"特种作战特殊改装"（Special Operations Peculiar MODification，SOPMOD）的战术配件，例如 ECOS-N（Enhanced Combat Optical Sight，翻译为：增强型战斗光学瞄准镜 N 型）红点瞄准镜或是 TA01NSN 4×32 毫米先进战斗光学瞄准镜。Mk 48 轻机枪也可以利用底部的战术导轨配备前握把以增加持续射击的可控性。

装备 Mk 48 轻机枪的美军士兵

▌▌▌⯈★ 配用弹药

　　Mk 48 轻机枪主要采用 7.62×51 毫米北约标准步枪弹，而 Mk 48 Mod 2 型还能发射 6.5 毫米克里德莫尔弹 6.5 CM。6.5 CM 是总部位于美国内布拉斯加州格兰德艾兰的霍纳迪制造公司于 2007 年研发上市的一款短枪机中央底火瓶颈式无缘步枪弹，因由霍纳迪的资深弹道学家戴维·艾马里与阿拉巴马州安尼斯敦的克里德莫尔运动公司的产品研发副主席丹尼斯·德米尔合作研发而得名。6.5 CM 主要是针对远程精确射击而研发，具有优越的弹道性能。

▌▌▌⯈★ 衍生型号

名　　称	说　　明
Mk 48 Mod 0	应美国特种作战司令部的要求，以 Mk 46 放大口径来发射 7.62×51 毫米北约标准步枪弹的版本，军方定名为"轻量化机枪"
Mk 48 Mod 1	Mk 48 Mod 0 的改进型，使用可调节式枪托，改进了导轨接口系统和两脚架安装方式
Mk 48 Mod 2	为响应美国特种作战司令部的要求而研发，可发射 6.5 毫米克里德莫尔弹

▌▌▌⯈★ 主要用户

国　　家	单　　位
美国	美国陆军、海军、空军和海军陆战队所属特种部队
印度	印度军队特种部队

Mk 48 轻机枪开火瞬间

美国陆军在阿富汗战场使用 Mk 48 轻机枪

装备 Mk 48 轻机枪的美国陆军第 75 游骑兵团成员

M249 轻机枪

    M249 轻机枪是由 FN 公司为美军打造的，是 FN Minimi 轻机枪的改进版，1984 年正式成为美军三军制式班用机枪，也是步兵班中最具持久连射火力的武器。

排名依据
M249 轻机枪是美国三军制式班用机枪，也是步兵班中最具持久连射火力的武器。

研发历程

    20 世纪 60 年代，随着班用武器的小口径化，美军的班用机枪也在向这个方向发展。虽然美军装备有 M16 轻机枪和 M60 通用机枪，但前者的持续射击性不好，后者的重量又过重。于是美军公开招标新型小口径机枪，当时有不少的老牌枪械公司来投标，其中有比利时 FN 公司。在老牌公司激烈的角逐后，FN 公司胜出。于是美军决定采用 FN 公司的机枪，并命名为 XM249 轻机枪。随后，美军又对 XM249 轻机枪做了一些测试，结果都符合其要求，于是就将 XM249 正式作为制式武器，并更名为 M249 轻机枪。

装备使用 M249 轻机枪的士兵

⫶⫶⫶⫶▶ 总体设计

M249 轻机枪采用开放式枪机及气动式原理运作。当扣动扳机时，枪机和枪机连动座在受到复进簧的推力下向前移动子弹脱离弹链并进入膛室，击针击发子弹后膨胀气体经枪管进入导气管回到枪机内，并使弹壳、弹链扣排出，同时拉入弹链及带动枪机和枪机连动座回到待击状态多余的气体会在导气管末端排气口排出。

M249 轻机枪准备发射枪榴弹

M249 轻机枪的枪管膛线缠距为 180 毫米，气冷式的枪管可通过枪管提把进行更换并由凸轮自动校正定位，护木下的折叠式两脚架可调整长度也可对应三脚架或车用，甚至空用射架。

▐▐▐▶ ★ 性能解析

M249 轻机枪采用气动、气冷原理，枪管可快速更换令机枪手在枪管故障或过热时无须浪费时间修理，护木下前方配有折叠式两脚架以利于部署定点火力支援，也可对应固定式三脚架及车用射架。M249 机枪手在缺乏弹药等紧急情况时，可向其他武器（如 M16 突击步枪或 M4 卡宾枪等）手借用弹匣，但以弹匣供弹时会因弹匣弹簧弹力太大、射速过高，而引起故障。

> **趣闻逸事**
>
> 1991 年海湾战争期间，美国陆军及美国海军陆战队只装备了约 1000 挺 M249 SAW 型轻机枪，而大部分部队仍然采用 M60 轻机枪作战，装备 M249 SAW 轻机枪的士兵通常不会定点提供支援火力，而是伴随其他步兵前进，也有大量投诉指出 M249 SAW 轻机枪在沙漠环境长期使用后容易被沙尘污物堵塞。

▐▐▐▶ ★ 配用弹药

M249 轻机枪是一种对应弹链及弹匣供弹、采用 5.56×45 毫米北约标准弹药的轻机枪，一般采用每四发 M855 普通弹配一发 M856 曳光弹的连接方式组合成的 M27 弹链作弹药，配放在硬塑料弹箱或软帆布弹袋内并下挂在机匣底部。

M249 轻机枪开火瞬间

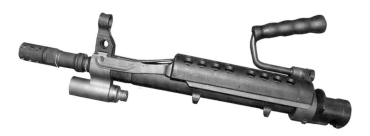

M249 轻机枪的枪管组件

M249 轻机枪的枪托

衍生型号

名　称	说　明
M249	也称 SAW 或 M249 SAW，比利时 FN Minimi 轻机枪的改良版本
M249 PIP	改良了各部分零件的锋利边缘，并把原本的固定管型金属枪托改为固定塑料枪托，以便在枪托内容纳液压后坐缓冲装置，同时取消了早期的气体调节器以简化操作，枪管顶部加装固定护板，固定式提把改为上下旋转式，另外并改良了两脚架、消焰器和瞄准具
M249 Para	为空降部队提供的紧凑版本，安装有短枪管、旋转伸缩式管型金属枪托
M249 SPW	根据美国特种作战司令部的要求开发的战术改良、轻量化版本，移除了提把、两脚架、STANAG 弹匣供弹口及车用射架配接器，采用伞兵型的旋转伸缩式管型金属枪托，同时在机匣内部钻孔以减轻重量
Mk 46	美国特种作战司令部装备 M249 SPW 后，海军特种作战部所采用的改良后版本。同样除了提把、两脚架、STANAG 弹匣供弹口及车用射架配接器，但沿用 M249 PIP 的固定塑料枪托

美军士兵采用跪姿操作 M249 轻机枪

美军特种兵在伊拉克战场使用 Mk 46 轻机枪

主要用户

国　　家	单　　位
美国	美国军队、联邦调查局人质拯救队、缉毒局、外交安全局
匈牙利	匈牙利陆军特种部队
捷克	捷克特种部队
阿根廷	阿根廷海军陆战队
伊拉克	伊拉克陆军
阿富汗	阿富汗国民军
墨西哥	墨西哥海军
泰国	泰国陆军
罗马尼亚	罗马尼亚陆军

手持 M249 轻机枪的美国陆军士兵

美国陆军士兵采用站姿操作 M249 轻机枪

Chapter 08

反坦克武器

　　单兵反坦克武器包括火箭筒和单兵导弹等，它们是单兵武器中火力最强大的便携式武器。火箭筒是一种发射火箭弹的便携式反坦克武器，主要发射火箭破甲弹，也可以发射火箭榴弹或其他火箭弹。单兵导弹又被称为便携式导弹或超近程导弹，是指由单名士兵携带和使用的近距离作战的小型或微型导弹。火箭筒和单兵导弹都具备重量轻、结构简单、价格低廉、使用方便等特点，在历次战争的反坦克作战中发挥了重要作用。

> **整体展示** ●

 衍生型号、服役时间和生产厂商

TOP10 步兵反坦克发射器 I 型（PIAT）	
衍生型号	暂无
服役时间	1942—1950 年
生产厂商	帝国化学工业公司总部位于英国伦敦，是世界最大的化工品生产商之一

TOP9 RPG-29 火箭筒	
衍生型号	暂无
服役时间	1989 年至今
生产厂商	俄罗斯巴扎特国防公司

TOP8 MATADOR "斗牛士" 火箭筒	
衍生型号	MATADOR-MP、MATADOR-WB、MATADOR-AS
服役时间	2000 年至今
生产厂商	狄那米特 - 诺贝尔炸药公司

TOP7 Panzerfaust 3 火箭筒	
衍生型号	Panzerfaust 3-IT
服役时间	1992 年至今
生产厂商	狄那米特 - 诺贝尔炸药公司

TOP6 RBS 70 便携式防空导弹	
衍生型号	RBS 90、RBS 70 Mark 1、RBS 70 Mark 2
服役时间	1977 年至今
生产厂商	2000 年 9 月，诺贝尔工业集团的防务业务被美国联合防务公司收购，改组成博福斯防务公司，总部位于瑞典卡尔斯库加

TOP5 RPG-32 火箭筒	
衍生型号	暂无
服役时间	2012 年至今
生产厂商	俄罗斯巴扎特国防公司

TOP4 RPO-A "大黄蜂" 火箭筒	
衍生型号	RPO-M、PRO-A 紧凑型
服役时间	1978 年至今
生产厂商	KBP 仪器设计局是苏联及俄罗斯以研制枪炮和反坦克导弹为主的武器设计局，创立于 1927 年

TOP3 M72 火箭筒	
衍生型号	M72A1、M72A2、M72A3、M72A4、M72A5
服役时间	1963 年至今
生产厂商	塔利工业公司

TOP2 FIM-92 便携式防空导弹	
衍生型号	FIM-92A、FIM-92B、FIM-92C、FIM-92D、FIM-92G
服役时间	1981 年至今
生产厂商	雷神公司是美国大型国防合约商，其总部设于马萨诸塞州的沃尔瑟姆

TOP1 AT-4 火箭筒	
衍生型号	AT-4CS
服役时间	1987 年至今
生产厂商	萨博博福斯防务公司是瑞典一家军品公司，成立于 1873 年，总部位于瑞典卡尔斯库加

武器尺寸

TOP10　步兵反坦克发射器I型(PIAT)

口径 66 毫米

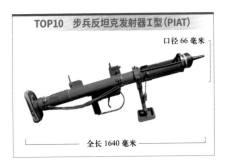

全长 1640 毫米

TOP9　RPG-29火箭筒

口径 105.2 毫米

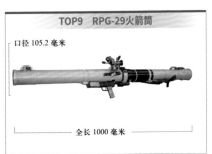

全长 1000 毫米

TOP8　MATADOR"斗牛士"火箭筒

口径 90 毫米

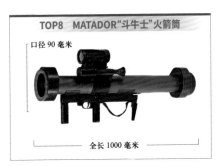

全长 1000 毫米

TOP7　Panzerfaust 3火箭筒

口径 110 毫米

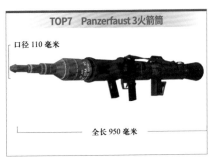

全长 950 毫米

TOP6　RBS 70便携式防空导弹

口径 106 毫米

全长 1320 毫米

TOP5　RPG-32火箭筒

口径 72/105 毫米

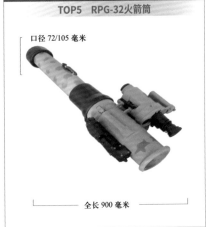

全长 900 毫米

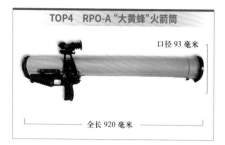

TOP4 RPO-A "大黄蜂"火箭筒

口径 93 毫米

全长 920 毫米

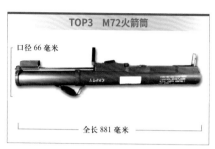

TOP3 M72火箭筒

口径 66 毫米

全长 881 毫米

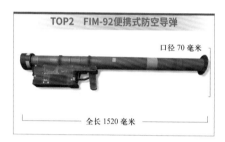

TOP2 FIM-92便携式防空导弹

口径 70 毫米

全长 1520 毫米

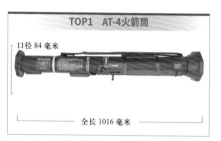

TOP1 AT-4火箭筒

口径 84 毫米

全长 1016 毫米

基本作战性能数据对比

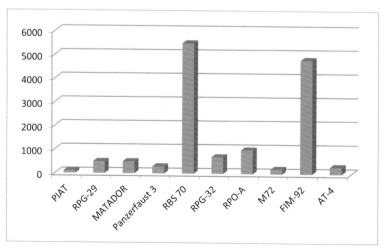

有效射程对比图（单位：米）

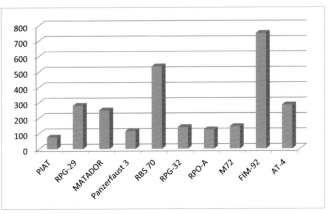

枪口初速对比图（单位：米／秒）

步兵反坦克发射器Ⅰ型（PIAT）

　　步兵反坦克发射器Ⅰ型是英国在二战期间研制的反坦克武器，通常简称为 PIAT。

排名依据
PIAT 的结构极其简单，在攻击建筑物或大型固定目标，其射程可达 320 米，能有效破坏建筑工事。

研发历程

　　二战爆发后，英军步兵使用的"博伊斯"反坦克枪在德军坦克面前毫无作用，各种各样的反坦克手榴弹也只能在有限的特殊情况下使用。在这种情况下，英军急需一种新式的步兵反坦克武器，以便能有效对付德军坦克。然而，英国人在微型火箭技术方面并没有经验，并且缺乏研发经费，因此短期内无法研制反坦克火箭筒。不过，英国人最终还是在插口式迫击炮的基础上研制出了自己的步兵反坦克武器——PIAT。

二战时使用 PIAT 的英军士兵

PIAT 及其弹药

▍▍▍ ★ 总体设计

PIAT 在发射第一发时,射手首先需要将弹簧压至待发位置,然后把插销推入弹簧前方卡住;随后,从发射筒前部插入弹丸,用弹丸的空心尾杆套住击针并确保到位;最后射手用一个简易瞄具瞄准目标,用四指的力量扣动扳机。扳机释放弹簧。弹簧向前弹出,推动击针,击发弹丸底火。弹丸在弹簧弹力和火药气体的推动下射向目标。与此同时,在后坐力的推动下弹簧会自动复位并再次处于待发状态。

在射击装甲目标时,PIAT 的有效射程为 91 米,不过在这个距离上它的精度并不高,所以英军步兵通常都在 45~57 米的距离上发射。射击建筑物或工事等大型固定目标时,有效射程可达 320 米。PIAT 所发射的 89 毫米破甲弹威力破甲深度可以达 100 毫米。

▍▍▍ ★ 性能解析

PIAT 的结构极其简单,发射管是一根薄壁钢管,内装 1 根弹力约 0.88 千牛的弹簧和 1 个扳机。发射管前端有 1 个可容纳弹丸的凹槽。大型击针从下面伸出至凹槽中央。PIAT 使用破甲弹,在弹体后方有 1 根空心尾杆,尾杆端部装有 1 个小型发射药筒。

PIAT 的主要缺点是它的强力弹簧。从理论上说,射手可以在投入战斗之前压好弹簧,每发射一次弹簧会自动复位,但由于机械装置不可靠,在第一次发射后弹簧并不一定会自动复位。在很多时候,射手不得不再次重复艰难的压弹簧动作。这在战场上不但非常危险,也很消耗体力。此外,PIAT 的后坐力巨大,不但要求射手足够强壮,而且还需要进行长期训练。当然,PIAT 也有火箭筒所不具备的优势——几乎没有尾焰。因此,它可以在房屋等密闭空间内发射,不易暴露目标。

趣闻逸事

PIAT 有一个致命缺陷就是操作复杂,装弹速度过慢,因此在 PIAT 射手中流传着一句话:"你必须第一发就命中目标,因为你不会有第二次机会。"

RPG-29 火箭筒

RPG-29 是苏联于 1989 年研制及生产的手提式反坦克火箭筒，进入 20 世纪 90 年代后，曾参与了多次局部战争，有着不俗的表现。

排名依据

RPG-29 是一款能够由单兵携带并且使用的肩上发射、管射式、后装式设计的火箭筒，参与过多次局部战争，均有着良好的表现。

研发历程

早在 20 世纪 80 年代苏军就已装备了 RPG-26 火箭筒。该火箭筒性能优越，是敌方军团机械部队的克星，更是沟壑、掩体等工事中士兵的噩梦。1989 年，为了进一步完善 RPG-26 火箭筒，苏军在它的基础上推出了其改进版 RPG-29 火箭筒。

隐蔽陆地中的 RPG-29 火箭筒

总体设计

RPG-29 火箭筒的发射筒分为两段，可折叠起来携行，配有光学瞄准镜。采用单腿支架以便在射击时承受部分重量并保持稳定。RPG-29 火箭筒火箭弹本身包括两个弹头，最前端的高爆弹头内的炸药能够破坏爆炸反应装甲或笼式、板式装甲。在小型高爆弹头后，有一个更大的二级锥形装药穿甲弹会在小型高爆弹弹头爆炸以后，以金属喷流贯穿坦克装甲以击毁坦克。

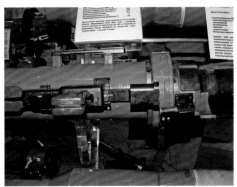

RPG-29 火箭筒局部特写

性能解析

RPG-29 是一款能够由单兵携带并且使用的肩上发射、管射式、后装式设计的火箭筒。在发射管的顶部可以装上放大 2.7 倍的 1P38 光学瞄准具；光学瞄准具座也可因情况装上 1PN51-2 夜间瞄准镜。而在底部的两脚式支架前方一个适当的位置（发射管的中间）还配有支肩架、手枪握把和扳机机构。

RPG-29 火箭筒在俄罗斯的各种反坦克火箭筒之中比较不寻常的是，它的火箭弹第一段并没有填充推进燃料，因此火箭弹燃料燃烧以前可以给射手一段安全的距离。只要扣动扳机，火箭发动机就会立即启动，而火箭弹会在射出发射管以前就燃烧燃料，令弹头加速到最高速度。由于火箭弹会跟随弹道轨迹而向下，因此这种武器可以说是一支滑膛式无后坐力炮。

2013 年 1 月 25 日，自由叙利亚军在叙利亚德拉雅的冲突期间使用 RPG-29 火箭筒摧毁了一辆叙利亚武装部队的 T-72 主战坦克。在 2013 年 3 月上旬，自由叙利亚军反坦克队员又成功摧毁一辆叙利亚武装部队 T-72 主战坦克。

MATADOR "斗牛士" 火箭筒

MATADOR "斗牛士"（MATADOR 为 Man-portable Anti-Tank Anti-DOoR 的简称，意为便携式火箭筒，以下简称"斗牛士"）是由新加坡和以色列（德国有参与生产）联合开发的一款火箭筒，是同类产品中最轻巧的一款。

排名依据

"斗牛士"火箭筒是同类产品中最轻巧，具有反装甲和破墙功能的反坦克武器，目前仍在多国军队中服役。

研发历程

　　21 世纪前，新加坡军队也有装备火箭筒，不过是仿造的德国"十字弓"火箭筒（由新加坡特许工业公司生产）。1999 年，新加坡军方为了取代"十字弓"火箭筒，开始寻求更加便携、威力大、实用的火箭筒。在生产"十字弓"火箭筒的期间，新加坡特许工业公司总结了许多经验，并分享给了新加坡共和国武装部队。后者利用这些经验和自己的技术设计出了"斗牛士"火箭筒，之后交予狄那米特 - 诺贝尔炸药公司生产。

MATADOR WB（上）及 MATADOR AS（下）

使用 MATADOR 的士兵

总体设计

　　"斗牛士"火箭筒可以使用同时具有反战车高爆弹头（HEAT）和高爆黏着榴弹（HESH）的两用弹头，分别可以破坏装甲和墙壁、碉堡以及其他防御工事。弹头选择是通过其"探针"型装置（最有可能是保险丝延长器），延长探针型装置就会变成反战车高爆弹头模式，而缩短探针型装置就会变成高爆黏着榴弹模式。

"斗牛士"火箭筒发射的串联弹头高爆反坦克火箭弹，采用具有延迟模式引信的机械装置，能够在双重墙壁上造成一个直径大于 450 毫米的大洞，因此可作为对付那些躲藏在墙壁背后敌人的一种反人员武器，为城镇战斗提供了一种房舍突进的非常规手段。

性能解析

"斗牛士"武器系统在同类武器中重量最轻，具有反装甲和破墙功能，适合在有限空间内使用。由于侵彻能力增强，该武器可以摧毁当今世界上大部分先进的装甲人员输送车和轻型坦克。战斗部有两种工作模式，当使用延迟模式时，可以在双层砖墙上产生一个直径超过 450 毫米的缺口，从而为在建筑群中作战的士兵开辟通道。武器射程超过"弩"式火箭筒，可以在轻武器的有效射程外射击，从而提高了士兵的生存能力。

全新的推进系统使"斗牛士"火箭筒成为一种高精确武器系统，弹丸不会受风的影响。人机工程设计和高精度光学瞄准具的完美结合，使武器可以从狭小的有限空间内发射，以增强武器在常规和城区作战中的效能。

趣闻逸事

拉斐尔先进防御系统公司和狄那米特 - 诺贝尔炸药公司还开发了"斗牛士"火箭筒的衍生型包括：斗牛士 -MP 型、斗牛士 -WB 型、斗牛士 -AS 型。

7 TOP Panzerfaust 3 火箭筒

Panzerfaust 3（德语 Panzerfaust，意为：铁拳，后文统称："铁拳"3）是由德国狄那米特 - 诺贝尔炸药公司设计并生产的一款反坦克火箭筒，发射口径 110 毫米火箭弹。

排名依据
"铁拳"3 火箭筒发射时后焰较少，使士兵能够安全的在一个狭小、封闭的空间里进行发射。目前在多国军队中服役。

▌▌▌▶ 研发历程

1960 年，根据德军需求，狄那米特－诺贝尔炸药公司设计了一款用于取代"巴祖卡"的武器——"铁拳"2 火箭筒。之后，随着战争模式的不断改变，德军对火箭筒有了新的要求，其内容有：能有效击毁所有已知的坦克型号；使用安全，容易操作；降低训练成本；尽可能地可在室内环境中射击。围绕这一要求，20 世纪 70 年代，狄那米特－诺贝尔炸药公司在"铁拳"2 火箭筒的基础上做了改进，推出了"铁拳"3 火箭筒。

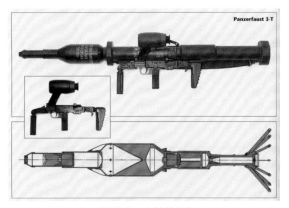

"铁拳"3 火箭筒结构

右侧视角

展览中的 Panzerfaust 3 火箭筒

以站姿使用 Panzerfaust 3 火箭筒的士兵

"铁拳"3 火箭筒瞄具

总体设计

　　"铁拳"3 火箭筒由一支预先装填好火箭弹的一次性发射管和一个可重复使用的瞄准 / 发射单元组成。其火箭弹由装填了阿马托炸药的锥形装药弹头和包括推进装置的主轴所组成。发射管内部为圆柱形铝合金管，外面则由玻璃纤维强化塑胶裹覆。火箭弹弹头暴露于发射管前端的管外，从而可以独立地选择发射管的口径。因此"铁拳"3 火箭筒可发射多种超口径弹药。

"铁拳"3 火箭筒发射瞬间

▶ 性能解析

　　"铁拳"3 火箭筒发射管的后方填充了大量的塑料颗粒，在发射时通过无后坐力的平衡质量原理将塑料颗粒从武器后方喷出。这些塑料颗粒能够减少发射产生的明亮喷焰和扬起的尘土。使得"铁拳"3 火箭筒能够安全地在一个狭小、封闭的空间发射。"铁拳"3 火箭筒的主要缺点是，它只能单发射击，而且士兵往往需要很危险地接近打击目标。许多士兵都觉得它非常沉重和烦琐，其发射机构和发射管容易受损和卡弹。

> **趣闻逸事**
>
> 　　2005 年时，"铁拳"3 火箭筒有两个正在研发测试阶段的新增型号，这两个型号被命名为 RGW（英语：Recoilless Grenade Weapon，意为：无后坐力榴弹武器）。这两款武器将协助德国军事从主要的坦克战转变为城市战。

6 TOP　RBS 70 便携式防空导弹

RBS 70 防空导弹是由瑞典国防承包商博福斯防务公司设计并生产的一款便携式防空导弹。

排名依据

RBS 70 防空导弹是瑞典博福斯防务公司研制的新型便携式防空导弹，除了瑞典外，还有数十个国家均有采用。

研发历程

20 世纪 60 年代初，瑞典军队提出了新型便携式防空导弹的要求，其内容包括制造成本低、操作方便以及可靠性良好等。围绕军方这一要求，瑞典博福斯防务公司于 1969 年开始研制这种便携式防空导弹。在参考美国 FIM-92 便携式防空导弹后，该公司于 1976 年成功推出了新型便携式防空导弹的原型，在 1977 年通过军方测试后，定型为 RBS 70 便携式防空导弹，并开始量产。

使用 RBS 70 防空导弹的小队

RBS 70 便携式防空导弹被拆分成 3 部分以便于携带

RBS-70 便携式防空导弹发射瞬间

总体设计

RBS-70 防空导弹的发射装置由装在运输发射箱内的防空导弹（24 千克）、制导系统（35 千克）、光学瞄准仪（7 倍，9 度视野）、带可调焦距的激光束生成装置、敌我识别系统（11 千克）、电源和三脚架（24 千克）组成。该防空导弹还具有可补充保障系统夜间高效战斗使用的 COND 热视仪（内有闭循环冷却系统），固定在发射装置上，工作在 8~12 毫米波段。

RBS-70 便携式防空导弹系统的所有部件都装配在三脚架上。三脚架上部有装配制导装置、导弹运输发射箱专用的固定节点，下部有射手操纵员座椅。发射装置展开时间为 10 分钟，导弹重装时间不超过 30 秒。

 性能解析

当使用 RBS 70 便携式防空导弹时，操作员会从当地的 SLT（作战控制终端，大小相当于一台笔记本电脑）收到目标的位置指示。SLT 会通过由一个雷达站所发出编码广播或其他一些信息收集来源接收信息。当目标已经由操作员锁定了，便可以关闭保险，同时切换至主要激光，并发出敌我识别信号。导弹发射以后，会跟随着从瞄准具发出的激光光束，并不断调整它的位置以保持在光束中。

2011 年，萨博博福斯动力公司推出新型的 RBS 70 升级版——RBS 70 NG。升级后的版本具有夜视能力的改进型瞄准系统、行动后检查功能等。

 趣闻逸事

1987 年 1~2 月，装配在"路虎"越野车上的 RBS-70 自行防空导弹系统出现在战场上，以较高的机动性能为基础，在伊拉克战机最有可能的飞行路线上组织伏击。据悉，两伊战争期间，伊拉克共有 42~45 架战机被伊朗防空系统击落，其中大部分就是被 RBS-70 防空导弹击落的。

TOP 5 RPG-32 火箭筒

RPG-32 火箭筒是由俄罗斯和约旦联合研制并生产的手提式双口径（72毫米和 105 毫米） 反坦克火箭筒，可以发射 PG-32V HEAT 火箭弹和 TBG-32V/FAE 温压火箭弹。

排名依据
RPG-32 火箭筒只需做简单的瞄准就能轻易地破坏敌人的装甲部队，大大方便了使用该火箭筒的射手使用与战斗。

研发历程

约旦，地处欧洲中部，北临叙利亚，东临伊拉克，南临沙特阿拉伯，西临以色列和巴勒斯坦，这使得约旦周边的军事环境非常复杂。为了预防不必要的战事发生，约旦希望俄罗斯协助其设计一款武器。之后，俄罗斯联邦国家单一制企业按照约旦的要求设计出了 RPG-32 火箭筒，交予约旦 - 俄罗斯电子系统等公司生产。

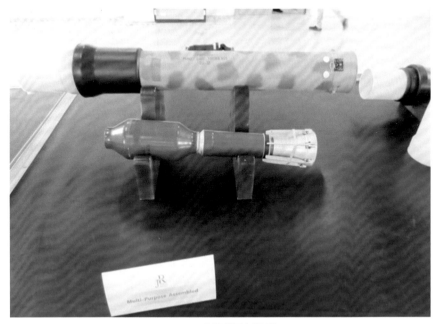

RPG-32 火箭筒及其飞弹

生产车间里的 RPG-32 火箭筒

总体设计

出厂时，RPG-32 火箭筒呈携行模式，瞄准镜会收纳于发射机构内，然后把发射机构像盖子一样套在火箭弹容器前端。使用时，需要把瞄准镜取出，装置于发射机构侧面，然后再把火箭弹容器套回发射机构上即可完成发射准备，并随时可以发射。

性能解析

和其他火箭筒（主要被分为炮身发射后可再装填型或整个发射器于发射后即可抛弃的一次射击型）不同的是，RPG-32 火箭筒是由一根很短而且可重复使用的发射管连折叠式握把、保险装置、瞄准具接口、可拆卸的准直式瞄准镜和一次性射击的火箭弹容器所组成。还可以使用普通的瞄准具作粗略瞄准，就能够轻易地破坏敌人的装甲部队，大大方便了射手使用并且投入战斗。

趣闻逸事

RPG-32 火箭筒又名"哈希姆"，其名字来自约旦哈希姆王室和意指先知穆罕默德（伊斯兰教领袖）将火箭筒给予约旦国王阿卜杜拉二世。

RPO-A "大黄蜂" 火箭筒

　　RPO-A "大黄蜂" 火箭筒是由苏联机械制造设计局生产的一款单兵便携式火箭筒，于 20 世纪 80 年代被苏军定为制式武器，至今仍是俄罗斯主要的火箭筒之一。

排名依据
RPO-A "大黄蜂" 火箭筒是一种单发式、一次性便携式火箭筒，至今仍是俄罗斯主要的火箭筒之一。

研发历程

　　20 世纪 60 年代，美军的 M72 火箭筒在战场上扬名于世，尤其是在 70 年代的战场上，更是凸显出了 "不可一世" 的威力。另一方面，苏联军队所使用的同类武器，与 M72 相比之下，略显不足。随后，苏联开始改进、设计新型的火箭筒。70 年代后期，当时的苏联机械制造设计局推出了 RPO-A "大黄蜂" 火箭筒。

PRO-A "大黄蜂" 火箭筒及其使用的飞弹

▍▍▍▶ 总体设计

　　RP0-A "大黄蜂"火箭筒发射筒为单筒结构，筒身两端和中部有钢质加强箍。前段加强箍上装有准星和手柄；后端加强箍上装有背带环和发火系统组件；中部加强箍装有握把、表尺和光学瞄准镜支座。

　　RPO-A "大黄蜂"火箭筒能发射三种不同种类的火箭弹，最基本的是PRO-A，以攻击软目标而设计；PRO-Z 为一种燃烧弹，用途为纵火并烧毁目标；PRO-D 为会产生烟幕弹药，主要起掩护作用。

▍▍▍▶ 性能解析

　　RPO-A "大黄蜂"火箭筒是一种单发式、一次性便携式火箭筒，发射筒为密封式设计，士兵能够随时让武器处于待发状态，并可在不需任何援助的情况下发射武器。在发射后，发射筒就要被丢弃。

从下往上依次为：PRO-A、RPG-22、RPG-26、RPG-18

　　RPO-A "大黄蜂"火箭筒在苏军服役一段时间后，机械制造设计局又推出了其改进型 RPO-M，比先前的版本更符合人体工程学，并采用了一种有着更高弹道性能和终端效果的弹药,最大射程也增至 1700 米。

趣闻逸事

　　RPO-A"大黄蜂"火箭筒最早于 1979 年阿富汗战争期间被苏联军队使用。而在两次车臣战争期间,俄军与车臣叛军双方均使用过 PRO-A"大黄蜂"火箭筒。

M72 火箭筒

　　M72 是由美国黑森东方公司研发的一款轻型反装甲火箭筒,于 1963 年被美国陆军及海军陆战队采用,并取代 M20"超级巴祖卡"火箭筒,成为美军主要的单兵反坦克武器,目前仍在军中服役。

排名依据
M72 火箭筒列编方式灵活,必要时,单兵可携带 2 具,可大大提高步兵分队攻坚能力,是小型火箭筒非占编列装的主要代表之一。

研发历程

　　在二战战场上,坦克因有进可攻、退可守的特性成为了陆战之王,各参战国都开始致力于坦克的研制。随后,反坦克武器应运而生,坦克被迫改变装甲的性能,以至于一般的反坦克武器无法击穿其厚重装甲。在此背景下,20 世纪 40 年代初期,美军设计出了"巴祖卡"火箭筒,但它巨大、笨重且容易损坏。之后,美军以"巴祖卡"为基础推出了 M72 火箭筒。

M72 火箭筒及其飞弹

M72 火箭筒发射瞬间

总体设计

　　M72 火箭筒采用一种简单，却极可靠且安全的电作用保险系统。此保险系统的作用原理为：透过撞击目标使其前方所放置的矿物结晶产生极短暂的电流，用以启动弹头。一旦弹头启动之后，位于弹头底部的推进药即被引燃，并引爆主装药。主装药所产生的强大推进力迫使弹头内的铜质衬垫形成定向性的物质喷流。此喷流的强度取决于弹头大小，并可穿透很厚度的装甲。

性能解析

　　M72 火箭筒列编方式灵活，必要时，单兵可携带 2 具，可大大提高步兵分队攻坚能力，是小型火箭筒非占编列装的主要代表之一。M72 火箭筒体积小、重量轻、使用方便、一次性使用，能大大减轻步兵携行压力。非占编列装，大大提高了单兵攻击点目标能力。且成本低，便于大量装备。

趣闻逸事

　　M72 系列火箭筒在越南战争和中东战争中得到了广泛应用，由于其射程、破甲厚度等方面与同期产品相近，尚无能说明问题的数据。

配用弹药

　　M72 火箭筒使用预装式火箭弹，发射筒内预装发火器与一枚 66 毫米聚能装药破甲弹（HEAT）战斗部火箭。根据 1977 年时的官方资料，这种火箭具有贯穿 20 厘米车辆装甲，60 厘米强化混凝土，或是 1.8 米厚土壤的能力。除了作战用版本之外，M72 火箭筒也有专门用于训练的版本，称为 M190。这种型号可以重新装填使用，配用 35 毫米 M73 训练用火箭弹。美军在战斗中一旦发射完 M72 火箭筒，就必须将发射器销毁，以免为敌方所使用。由于它的单一发射特性，在加拿大军队与美国陆军之中，M72 火箭筒就如同小口径弹药一般，是一种配发后不需检查与保养，可长期储存的武器。

美国陆军士兵使用 M72 火箭筒

肩扛 M72 火箭筒的美国陆军士兵

衍生型号

名　　称	说　　明
M72	一次性射后抛弃式发射器
M72A1	改良火箭引信
M72A2	改良火箭引信
M72A3	改良击发保险

（续表）

名　　称	说　　明
M72A4	火箭弹增强贯穿力，并使用改良的发射器
M72A5	使用改良的发射器
M72A6	改善战斗部爆炸威力，使用改良的发射器
M72A7	美国海军的 M72A6 版本
M72A8	强化反装甲能力
M72E9	提升反装甲能力，并使用改良的发射器
M72A10	改良发射器，并可使用高爆破片火箭弹，具有先进引信

主要用户

国　　家	单　　位
美国	美国陆军、美国海军陆战队
英国	英国陆军
澳大利亚	澳大利亚国防军
芬兰	芬兰陆军
土耳其	土耳其陆军
比利时	比利时军队
加拿大	加拿大军队
新西兰	新西兰国防军
日本	日本陆上自卫队

加拿大士兵使用 M72 火箭筒进行实弹训练

厄瓜多尔士兵练习使用 M72 火箭筒

M72 火箭筒发射瞬间

FIM-92 便携式防空导弹

FIM-92 "毒刺"导弹是由美国通用动力公司设计，雷神公司生产的一款便携式防空导弹。其有 3 种衍生型，即基本型、被动光学型（POST）和软体电脑型（RMP）。

排名依据

"毒刺"导弹系统在 19 个国家，超过 40 个军种的 20 种车辆和直升机平台上装备过。主要包括巴林、乍得、法国、伊朗、以色列、日本、韩国、巴基斯坦、卡塔尔、沙特阿拉伯和英国。在世界范围内被击落的飞机中，约 300 架是由"毒刺"导弹击落的。

研发历程

20 世纪 60 年代末期，美国通用动力公司计划设计一款肩射式单兵作战武器。1971 年，该公司开始了这个计划，次年便设计出了第一款肩射武器，不过由于科技不足，这个武器是一个失败品。但通用动力公司并没有放弃，最终于 1978 年设计出了 FIM-92A 便携式防空导弹。通过测试后，该武器于 1989 开始在美军服役。之后，通用动力公司陆续推出了它的改进型，FIM-92B、FIM-92C 和 FIM-92D 等。

美军士兵使用 FIM-92 便携式防空导弹

FIM-92 导弹发射画面

总体设计

一套 FIM-92"毒刺"导弹系统由发射装置组件和 1 枚导弹、1 个控制手柄、1 部 IFF 询问机和 1 个"氩气体电池冷却器单元"（BCU）组成。发射装置组件由 1 个玻璃纤维发射管和易碎顶端密封盖，瞄准器、干燥剂、冷却线路、陀螺仪 - 视轴线圈和 1 个携带吊带等组成。1 个可拆卸操作手柄装有 1 个 BCU 连接插座、1 个 IFF 连接器、1 个脉冲产生器（BCU 激励）、1 个导引头开锁杆、1 个武器发射扳机、1 个 AN/PPX-1 IFF 询问开关、1 套可收放天线和用于导弹陀螺仪的控制电子装置。

性能解析

FIM-92 便携式防空导弹易于运输和操作，是一种防御型导弹，可以攻击距离为 4800 米的车辆和高度 3800 米以下的飞机。虽然官方要求 2 人一组操作，但实际使用中 1 人操作就足够了。它可装在悍马车改装的"复仇者"载具上或 M2 布莱德雷步兵战车上，也可以由伞兵携带快速部署于敌军后方。

FIM-92"毒刺"导弹系统具有"射后不理"的能力，射手一旦按动发射按钮、导弹已经飞离发射管后，可以没有拘束的去装配另外的一枚导弹用于下一步的交战（小于 10 秒内）、隐蔽或移动到另外的一个作战位置。

使用 FIM-92 导弹的美军士兵

各型"毒刺"导弹系统销售到世界范围内的许多国家军队中，包括一些第三世界国家，当然这些国家有的采用"非正式"渠道获得。到目前为止，"毒刺"导弹系统在 19 个国家使用，整合和配置在超过 40 个军种的 20 种车辆和直升机平台上。主要包括巴林、乍得、法国、伊朗、以色列、日本、韩国、巴基斯坦、卡塔尔、沙特阿拉伯和英国。在世界范围内被击落的飞机中约 300 架被归于"毒刺"导弹击落的。

衍生型号

名　　称	说　　明
FIM-92A	基本型
FIM-92B	改进型，有新的寻标器，1983 年开始生产
FIM-92C	具有电脑程式化能力，1987 年开始生产
FIM-92D	软件升级
FIM-92E	具有更好的感应器，软件升级，以对付小型或隐形飞机
FIM-92F	软件升级，2001 年开始生产
FIM-92G	在 FIM-92D 基础上进一步升级
FIM-92H	软件升级
FIM-92J	升级弹头引信，配备目标探测设备，能有效对付无人机
FIM-92K	在 FIM-92J 基础上进一步升级

美国海军陆战队士兵正在搬运 FIM-92 导弹

美国海军陆战队士兵使用 FIM-92 导弹瞄准目标

主要用户

国　　家	说　　明
美国	美国陆军、海军陆战队使用
英国	英国陆军使用
德国	授权欧洲宇航防务集团生产
意大利	意大利陆军装备 150 具
以色列	以色列国防军使用
巴基斯坦	巴基斯坦陆军装备 350 具
摩洛哥	与 AH-64 直升机一同购买
日本	已经停止采购，现用 91 式便携地对空导弹
韩国	已经停止采购，现用"西北风"和"神弓"便携式防空导弹系统

美国海军陆战队士兵使用 FIM-92 导弹攻击目标

FIM-92 导弹发射瞬间

AT-4 火箭筒

AT-4 是由瑞典萨博博福斯动力公司生产的一款单发式单兵反坦克火箭筒，是目前世界上最为普遍的反坦克武器之一。

排名依据
AT-4 火箭筒是目前世界上使用范围最广泛的反坦克武器之一。AT-4 火箭筒参加了巴拿马战争、海湾战争、索马里内战和阿富汗战争等。

研发历程

20 世纪 40~50 年代，瑞典研发了许多本土单兵武器，如卡尔·古斯塔夫无后坐力炮、Pskott m/68 反坦克火箭筒和 AK-5 突击步枪等。无论是无后坐力炮，还是突击步枪，在新型战场上面对敌方坚固的工事和厚重的装甲，发挥的威力有所不足。为了能让步兵有能力去摧毁或瘫痪他们所遇到的装甲车辆和工事，20 世纪 60 年代后期，萨博博福斯动力公司推出了 AT-4 火箭筒。

美军士兵使用 AT-4 火箭筒　　　　　　　　AT-4 火箭筒发射时的巨大后焰

AT-4 火箭筒发射瞬间

性能解析

　　AT-4 火箭筒是一种无后坐力火箭筒，这代表火箭弹向前推进的惯性与炮管后方喷出的推进气体的质量达成平衡。因为这种武器几乎完全不会产生后坐力，故此可以使用其他单兵火箭筒所不能使用、相对更大规格的火箭弹。另外，因为炮管无须承受传统枪炮要承受的强大压力，故此可以设计得很轻。此设计的缺点是它会在武器后方产生很大的火焰区域，可能会对邻近友军甚至使用者自身造成严重的烧伤和压力伤，因此 AT-4 并不方便在封闭环境使用。

趣闻逸事

　　1985 年 9 月，美国陆军正式决定订购 27 万具 AT-4 火箭筒并命名为 M136 火箭筒，以取代之前装备的 M72 火箭筒。有了这次成功的竞标，AT-4 火箭筒名声大振，瑞典陆军很快就将其列为制式武器，荷兰、丹麦、委内瑞拉等国也买入了一批来装备部队。

配用弹药

AT-4 火箭筒可以发射不同种类的火箭弹。因为 AT-4 火箭筒是一次性武器，这些火箭弹都预先装填在发射器中。AT-4 火箭筒主要发射高爆穿甲弹，其战斗部的主装药为奥克托金，采用铝或铜铝复合药型罩。引信的脱机雷管安全装置，可防止意外起爆。穿甲过程分接触、烧灼、破甲、破甲后效果等几个阶段。破甲后效果能在车体内产生峰值高压、高热和大范围的杀伤破片，并伴有致盲性强光和燃烧作用。

此外，AT-4 火箭筒还能发射高爆两用弹和高穿透力弹等。高爆两用弹用在碉堡和建筑物上，火箭弹可设定为碰撞引爆或延迟引爆。高穿透力弹具有更强的穿透能力，可贯穿 500~600 毫米的装甲。

美国陆军士兵在掩体后方使用 AT-4 火箭筒　　AT-4 火箭筒发射时激起大面积尘雾

衍生型号

AT-4 火箭筒有一种为都市战而设计的衍生型号，被命名为 AT4-CS。一般的 AT-4 火箭筒从密闭空间发射是非常危险的事，因为它会使周边压力迅速增加，若后膛 15 米内有墙壁或者其他硬物，后方火焰也可能会回扑到射手身上。而 AT4-CS 在发射时会从后方排出盐水以中和后焰，同时将初速从原本 285 米 / 秒降低至 220 米 / 秒，让射手可以安全地从掩体或建筑物内发射。但也因为初速下降，使得 AT4-CS 攻击效果较差。

AT4-CS 反坦克火箭筒

主要用户

国家	说明
瑞典	命名为 Pansarskott m/86
美国	1987 年开始在美国海军陆战队及美国陆军中服役，命名为 M136 AT4
英国	命名为 L2A1（ILAW），后被 NLAW 所取代
爱尔兰	命名为 SRAAW
阿根廷	阿根廷陆军和海军陆战队均有装备
智利	智利陆军和海军陆战队均有装备
法国	法国陆军使用
印度尼西亚	印度尼西亚陆军使用
荷兰	荷兰陆军使用，被"铁拳 3"火箭筒取代
马来西亚	马来西亚陆军特种部队使用

美国陆军第 25 步兵师士兵使用 AT-4 火箭筒

美国海军陆战队士兵使用 AT-4 火箭筒

美国陆军士兵使用 AT-4 火箭筒

Chapter 09

单兵冷兵器

　　"刀"一直被树立为伟大的英雄形象，它粗犷豪放、野性十足；它锋芒毕露、冷峻逼人；它无所畏惧，所向披靡。对于现代军队，尤其是特种部队，冷兵器一刀是其必备的进攻和防卫武器。

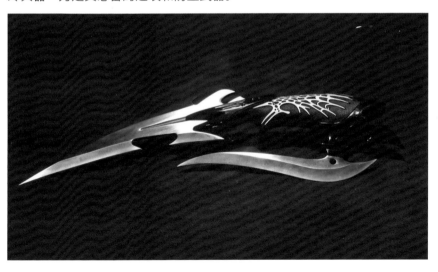

整体展示 ●

 衍生型号、服役时间和生产厂商

TOP5　哥伦比亚河 Hissatsu 战术直刀	
衍生型号	暂无
服役时间	不详
生产厂商	哥伦比亚河刀具公司

TOP4　冷钢 TAC TANTO 战术刀	
衍生型号	暂无
服役时间	不详
生产厂商	冷钢刀具公司

TOP3　夜魔 DOH111 隐藏型战术直刀	
衍生型号	暂无
服役时间	不详
生产厂商	夜魔刀具公司

TOP2　爱默森 Super Karambit SF 爪刀	
衍生型号	暂无
服役时间	不详
生产厂商	爱默森刀具公司

TOP1　M9 多功能刺刀	
衍生型号	M11
服役时间	1984 年至今
生产厂商	菲罗比斯公司、巴克刀具公司、安大略刀具公司

武器尺寸

TOP5　哥伦比亚河Hissatsu战术直刀

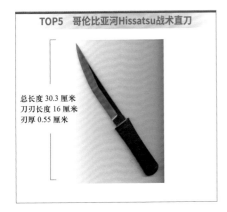

总长度 30.3 厘米
刀刃长度 16 厘米
刃厚 0.55 厘米

TOP4　冷钢TAC TANTO战术刀

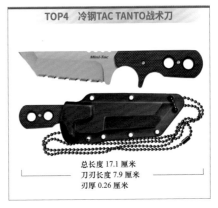

总长度 17.1 厘米
刀刃长度 7.9 厘米
刃厚 0.26 厘米

TOP3　夜魔DOH111隐藏型战术直刀

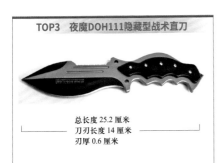

总长度 25.2 厘米
刀刃长度 14 厘米
刃厚 0.6 厘米

TOP2　爱默森Super Karambit SF爪刀

总长度 17.3 厘米
刀刃长度 6.1 厘米
刃厚 0.31 厘米

TOP1　M9多功能刺刀

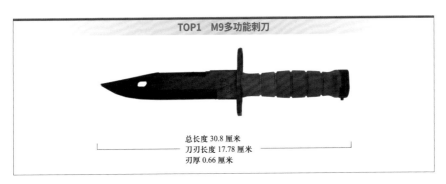

总长度 30.8 厘米
刀刃长度 17.78 厘米
刃厚 0.66 厘米

 基本作战性能数据对比

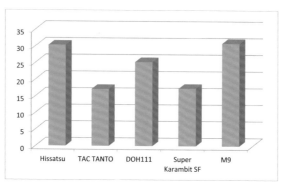

总长度对比图（单位：厘米）

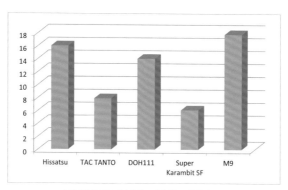

刀刃长度对比图（单位：厘米）

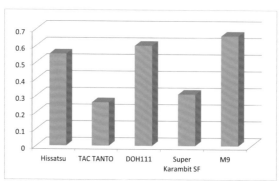

刃厚对比图（单位：厘米）

哥伦比亚河 Hissatsu 战术直刀

Hissatsu 战术直刀是由美国哥伦比亚河刀具公司设计并生产的一款单兵武器。

排名依据
Hissatsu 战术直刀有着优越的削减能力和深入的穿透破坏力，是战场上备用辅助武器的首选之一，目前被世界各国军警广泛采用。

研发历程

哥伦比亚河是一家专门为军队、警队和治安部门设计生产刀具的公司，成立于 1994 年。在该公司成立后，不断与一些著名的刀具设计师合作，推出了富有创意和革新力的军警用刀具。

Hissatsu 战术直刀及其刀鞘　　装入刀鞘的 Hissatsu 战术直刀

抽出刀鞘的 Hissatsu 战术直刀

　　这家公司在业界建立了良好的声誉。它的服务还包括向客户推荐合适的刀具，传授保养知识，并在销售后继续售后服务。所有哥伦比亚河刀具都由当今最先进的设备和生产系统制造，具有从始至终的生产控制。刀具严格按照流程生产，每个步骤都精益求精。

总体设计

　　Hissatsu 战术直刀柄部使用 Kraton 材质裹覆，并依照传统日本样式制成，有着浓浓的日本气息，并提供令人惊异程度的紧握感。手柄一侧拥有刀锋方向辨识凸点，即使在光线微弱环境也能准确分辨。注塑成型的子托刀鞘拥有坚固、质轻和安全等诸多优势，配备可移动式背夹，方便使用者进行调整佩戴。

性能解析

　　Hissatsu 战术直刀上翘式尖细狭长的刀身是由 440A 不锈钢锻造的，经过精细打磨后拥有出色的切削能力和穿刺性能。刀身表面使用沙色钛亚硝酸盐涂层处理，有效消除反光效果，更适合在沙漠戈壁地区使用。

冷钢 TAC TANTO 战术刀

　　TAC TANTO 战术刀是由美国冷钢刀具公司设计并生产的，因其质量轻巧，便于携带，被多国特种部队采用。

排名依据
TAC TANTO 战术刀轻巧，便于携带，目前被多国特种部队采用。

研发历程

　　冷钢刀具公司成立于 1980 年，是美国著名多元化冷钢刀、折刀、直刀生产制造商。冷钢刀具公司设计原则是所生产的刀必须是高性能的，从最小最便宜的到最好最昂贵的刀，皆须符合这个要求。为了达成这一目标，冷钢刀具公司全力投入研究高性能刀必须具备的条件，其内容包括断面、厚度、刀身几何、刀刃几何、钢材以及热处理等。上述每一项条件都被精研至所有细节，以达到刀各项特殊用途的最佳整合效果。TAC TANTO 战术刀，就是在冷钢刀具公司如此苛刻的要求下被设计生产出来的。

手持 TAC TANTO 战术刀

总体设计

TAC TANTO 战术刀采用全龙骨一体式构造，异常坚固的刀体性能更为稳定。两侧装有带有防滑织纹的 G-10 柄片，独特的抓握指槽设计让使用者安全、精准对其掌控。并使用两颗六角螺丝对手柄进行固定，尾部的系绳孔可穿系伞绳、头珠类的刀具饰品。此外，该产品配有黑色 Kydex 刀鞘，方便用户携带。

性能解析

TAC TANTO 战术刀是一款几何式全刃战术刀，较为宽阔的强大刀片拥有出色的穿刺力，先进的热处理工艺和打磨出的剃刀般锋利度，让刀具拥有令人难以置信的强度和威力。刀身刃部采用全齿打磨方式处理，尤其适合重型切削任务。刀柄两侧贴附织纹状 G10 材质贴片，大大增加了握持力。坚固的珠链吊带和 Secure-Ex 安全护套，既让刀具能紧紧地插入刀鞘，又能快速地抽出使用。

夜魔 DOH111 隐藏型战术直刀

　　DOH111 战术直刀是由美国夜魔刀具公司设计并生产的一款隐藏型战术直刀，被美国政府服务机构视为最佳刀具之一，被众多军队、警察所认可，推崇为最具杀伤力的战术刃具武器。

排名依据

　　DOH111 战术直刀被美国政府服务机构视为最佳刀具之一，被众多军队与警察所认可，并被推崇为最具杀伤力的战术刃具武器。

研发历程

　　夜魔是美国著名的专业生产战术用具的公司，涵盖的产品非常多，其中包括战术手电、战术刀具和户外生存用具等，每件产品都是站在使用者的角度上设计，以好用、安全、合理，以及能时刻保护使用者为设计基准。DOH111 隐藏型战术直刀，就是该公司基于这一理念设计出来的，其采用 CTV2 外科手术级高锋利度不锈钢。这种材料弥补了以往传统材料的缺陷，既保证了刀刃的高硬度，又完善了刀刃的韧性，是可以胜任高强度工作的新型材料。

左侧视角

夜魔 DOH111 隐藏型战术直刀及其刀鞘

▶ 总体设计

　　夜魔 DOH111 隐藏型战术直刀没有涉及过多的锁定设计，避免了在恶劣环境中由于过于烦琐的功能导致战术动作的失常从而带来不必要的危险。夜魔产品刀刃的厚度几乎是其他同等品牌刀具的一倍，锁定机构也是经过实战的检验，超常的强大，比较坚固。

▶ 性能解析

　　DOH111 隐藏型战术直刀是根据全天候作战的需要而设计，能在不同的恶劣环境中出色完成各项任务。它没有过多的锁定设计，这是为了避免在恶劣环境中由于过于烦琐的功能，导致战术动作的失常从而带来不必要的危险。刃部长而且锐利，足以穿透战斗机外壳和单兵防弹系统。DOH111充分运用了人体工学，经过军方测试的手柄镶嵌了高科技石英防滑颗粒，适用于作战时的各种持握方式。

爱默森 Super Karambit SF 爪刀

Super Karambit SF 是由美国爱默森刀具公司设计并生产的一款爪刀。

排名依据

Super Karambit SF 爪刀是目前世界上公认的最出色的单兵作战武器之一，主要用作近身搏斗。

研发历程

爱默森是美国一家著名的刀具公司，成立于 1997 年，由制刀大师爱默森和他的妻子共同创办。在很早以前，爱默森在搏击界声名显赫。在搏击界的岁月里，激发了他向制刀领域发展的兴趣。

20 世纪 70 年代，出于学习搏击术的需要，爱默森开始自己做刀。在制造了几年高端手工折刀之后，爱默森转向一个不同的方向，开始他事业的新阶段，决定制造军用型刀具。不久，他开始制作战术折刀，并设计出了不同用途以及多用途的刀具。Super Karambit SF 爪刀，就是爱默森亲自设计的，一推出就受到特战队员的追捧。

总体设计

Super Karambit SF 爪刀的刀柄设计符合人体工学，适合正向、反向握持和使用。刀柄内部拥有钛衬垫，保护使用时的稳定性，柄外贴附的织纹状黑色 G10 贴片提供了出色手感。刀柄尾末端设计有超大指孔，方便操作。

Super Karambit SF 爪刀包装盒

性能解析

　　Super Karambit SF 爪刀源自古代印尼人用于自我保护和自我防卫的通用刀具，符合人体工学的手柄设计适合正向、反向握持和使用。刀背末端拥有波形快开机制，在紧急或是受伤情况下，从口袋抽出刀子的同时，便可开启刀刃。

　　Super Karambit SF 爪刀平磨后刀身拥有出色的锋利度，针尖式刀头又提供足够的刺入力。刀身采用石洗处理并印刻爱默森标志。刀柄内部拥有钛材内衬垫，保护使用时的稳定性，柄外贴附的织纹状黑色 G10 贴片提供出色手感。刀柄尾末端设计有超大指孔，方便操作。

TOP 1　M9 多功能刺刀

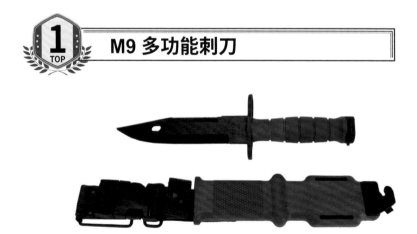

　　M9 多功能刺刀是美国菲罗比斯等公司为 M16、AR-15、G3 和 FNC 等北约制式枪械所研制并装备的新一代多功能刺刀。

排名依据

M9 多功能刺刀结构简约，其刀柄坚实耐磨，被美军作为单兵制式装备。

研发历程

　　1986 年 10 月，美国陆军决定研制功能更加强大的新型军用刺刀来全面替换功能单一的 M7 刺刀。军方通过招标方式广泛征集新型刺刀，最终由菲罗比斯公司中标。

　　菲罗比斯公司设计的 XM9 原型刺刀，在严格的测试中，无论在人体工学，还是功能性、实用性等方面均超过其他 5 家公司的产品，而且是唯一能在所有测试项目中，损坏率均为零的样刀。美国陆军在提出一些小的改进后，于 1986 年 10 月在加州授予菲罗比斯公司一份为期 3 年的军事采购合同，首批共生产 315600 把军用 M9 刺刀，免除税款后每支单价 49.56 美元。

M9 刺刀及其刀鞘

M9 刺刀及其刀鞘

　　由于菲罗比斯公司没有实际生产能力，刺刀全部由美国巴克公司生产。这也是最早、做工最为精细的一批产品，陆军共有一、二、三、四代版本。此后，由于巴克公司生产的 M9 刺刀成本高昂，美国军队转而装备兰卡和安大略公司生产的 M9 刺刀。

左侧视角

▌▌▌▌▶ ★ 总体设计

　　M9 刺刀的刀柄为圆柱形，使用美国杜邦公司生产的橄榄绿色 ST801 尼龙制造，坚实耐磨；表面有网状花纹，握持手感好，而且绝缘。刺刀护手两侧有两个凹槽，有启瓶器功能；刀柄尾部开一小卡槽，与枪的结合定位方法和 M7 刺刀相同。该刀的刀鞘也用 ST801 尼龙制作。刀鞘上装有磨刀石，末端还有螺丝刀刃口，可作为改锥使用。

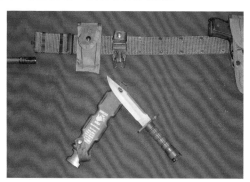

刀身与刀鞘组合可作为剪刀使用

▌▌▌▌▶ ★ 性能解析

　　M9 刺刀是在 Phtobis 公司的 BUCK 184 猎刀的基础上改进而成的。刀身使用 425M（M 是改进型）钢材制造，厚度为 6 毫米。表面涂层呈暗灰色和纯黑色两种；刀刃部位经 BUCK 专业的热处理，刀口锋利。刀背较长，锯齿锋利，能锯断飞机壳体；刀身前部有一椭圆形过孔，能与刀鞘剪切板组成钳子，剪断铁丝网和电线。

参考文献

[1] 福特 . 世界名枪：机枪 [M]. 北京：国际文化出版公司，2003.

[2] 莱茵 . 机枪史话（图文珍藏版）[M]. 上海：东方出版社，2011.

[3] 福特 . 手枪 [M]. 北京：中国市场出版社，2010.

[4] 索斯比·泰勒扬 . 简氏特种作战装备鉴赏指南 [M]. 北京：人民邮电出版社， 2009.